바라는 대로
이루어지는
삶의 법칙

일러두기

• 이 책은 제임스 앨런의 《As a Man Thinketh》와 《Foundation Stones to Happiness and Success》를 각색하여 담았습니다.

수천만 명의 삶을 바꾼
제임스 앨런의 인생 조언

바라는 대로
이루어지는
삶 의 법 칙

제임스 앨런 지음
지선 편저

이너북
INNERBOOK

나를 지키는 단단한 마음의 법칙

제가 제임스 앨런을 처음 만난 건 이십여 년 전, 일본의 어느 서점에서였습니다. 수많은 책 사이에서 160년 전에 태어난 사람이 쓴 책이 있어서 호기심 반, 기대 반의 마음으로 글을 읽어나갔습니다. 화려한 문체는 아니었지만, 그가 조곤조곤 말하는 인생의 조언은 울림이 있었습니다. 그의 조언을 통해 흔들리는 마음을 다잡고 앞으로 나아갈 수 있었습니다.

한국에 돌아와 제임스 앨런에 관한 책들을 찾아보았습니다. 그때 한국에는 제임스 앨런의 책이 많이 출간되기 전이었습니다. 그래서 《나를 바꾸면 모든 것이 변한다》를 기획하여 출간하였습니다. 2012년도에 출간된 이 책은 지금까지 광고도 없이 10만 부가 판매되었고, 여전히 독자들의 사랑을 받고 있습니다.

십여 년 동안 저에게는 참 많은 일이 있었습니다. 개인적으로도 사업적으로도 힘들었을 때, 포기하고 싶다는 생각이 들 때, 모든 것을 내려놓고 싶었을 때 제임스 앨런의 말들이 생각났습니다. 아무리 힘든 일이 있어도, 생각을 바꾼다면 다시 일어설 수 있다는 것을.

"자신의 인생을 책임지고 변화시켜 나가야 한다.
당신의 인생은 당신 스스로 걸어가야 하기 때문이다."
— 제임스 앨런

인생철학자이자 그가 쓴 글들은 자기계발서의 시초로 불리며, 나폴레온 힐, 데일 카네기, 얼 나이팅게일 등 많은 사람에게 영향을 끼쳤습니다. 성서 다음으로 많이 읽혔다는 그의 책은 아마존에서 여전히 베스트셀러로 분야에서는 1위를 하고 있으며, 56개국에 번역 출간되었고, 지난 50년 동안 전 세계에서 약 1억 5천만 부 넘게 팔렸습니다.

시대는 달라도 여전히 제임스 앨런의 통찰과 지혜는 우리에게 어떻게 살아야 하는지 인생의 방향을 결정하는 데 많은 도움을 줍니다. 지난 십여 년 동안 그의 글을 제 삶에 접목시키며, 고난과 아픔을 이겨내고 하루하루 충만한 삶을 살 수 있었습니다. 그런 저의 생각도 이 책에 고스란히 담았습니다. 제임스 앨런이 남긴 총 19권의 책 가운데 가장 인기 있는 2권의 글을 엮었습니다. 그리고 중간중간 그림을 보며 힐링하는 마음을 느끼길 바라며 명화도 함께 담았습니다. 원작에 가까운 글을 읽고 싶으시다면 《나를 바꾸면 모든 것이 변한다》를 추천합니다.

이 책을 통해 독자 여러분도 바라는 대로 이루어지는 삶의 법칙을 깨닫고, 흔들리는 인생에서 나를 지키는 단단한 마음을 얻게 되길 바랍니다.

지선

Part3. ——————————— 성공

Part4. ——————— 자기관리

Part5. ——————— 좋은 습관

Part6. ———————— 사랑

운명을 바꾸는 생각의 힘

과학 분야에서 새로운 법칙이 발견될 때마다 특정한 '원인'이 일정한 '결과'를 일으킨다는 사실이 증명되고 있다.

이러한 과학적 증명을 통해 얻는 지식이나 사고는 사람들의 '생각'을 구체적으로 실현함으로써, 세상을 풍족하게 발전시켜 왔다.

그런데 사실, 물질적인 '원인과 결과' 현상을 이해하는 일은 정신세계에서도 적용된다.

단순히 물질을 구성하는 원자나 생명을 이루는 세포 세계에서만 에너지의 축적이나 반응을 통해 어떠한 현상이 일어나는 것은 아니다. 인간의 마음속에 있는 '생각'이 어떤 '행동'으로 나타나는 것처럼 원인과 결과의 법칙에 따른 변화와 반응을 일으키는 힘이 작용하고 있다.

어쩌면 눈에 보이지 않는 정신세계가 훨씬 더 정연한 '원인과 결과'를 나타내고 있는지도 모른다.

정신, 즉 마음의 세계에서는 가장 진실한 생각만이 승자로 남고, 나쁜 생각은 최종적으로 자멸한다는 '원인과 결과의 법칙'이 작용한다.

물리적 법칙과 마찬가지로 마음(의식과 정신)의 세계에서도 일정한 법칙을 발견하는 일은 인간의 '운명'을 이해하는 과정으로 이어진다.

저마다 가지고 있는 '운명'의 존재는 불가사의한 것처럼 보일지도 모르지만, 자신의 운명에 대한 올바른 이해와 지식이야말로 인생의 어두운 불안과 걱정을 극복하는 지혜를 가져다준다.

인생의 흐름을 만들어 가는 '자연법칙'을 깨달은 사람은 자신의 인생에서 일어나는 모든 일들을 통해 배우고 지혜를 쌓아나감으로써, 자신의 의지력으로 운명을 극복해 나간다.

비록 지금까지는 무지에서 비롯된 불행과 불운을 원망하는 마음으로 살았지만, 이제는 지혜를 얻어 행복한 인생을 영위하는 방법을 알게 될 것이다.

자연법칙에 대한 깨달음은 불행한 운명을 극복하고 자신이 완수해야 할 운명을 확신하게 만든다.

고독과 슬픔, 패배감으로 얼룩진 현실은 기쁨과 진정한 승리를 맛보기 위한 하나의 과정에 불과하다.

깊은 상처와 괴로움 속에서 방황하는 사람은 미처 깨닫지 못할 수도 있지만, 그 모든 것이 평화롭고 안락한 인생을 향해 한 계단 한 계단 올라가는 과정이라는 사실을 알아야 한다.

　어떤 인생이든 그 안을 들여다보면 '자연법칙'과 '운명'이 공존한다.

　좀 더 많은 사람이 이 두 관계를 이해하고, 자신의 생활방식에 적용하여 지금보다 더 나은 삶을 살아가길 소망한다.

제임스 앨런

As a Man Thinketh

Part1.

———

인생

"작은 변화가 일어날 때 진정한 삶을 살게 된다"

— 레프 톨스토이

운명이
결정하는
것

　운명은 초자연적인 힘으로, 이미 정해져 있다고 믿는 것. 그것은 한 개인의 인생을 이끌기도 하며, 국가의 주권과 미래를 좌우하기도 한다.

　어느 시대에서나 원인이 같으면 항상 같은 결과가 나온다는 운명론을 믿었고, 그로 인하여 많은 일들이 벌어졌다.

　인간이라면 '탄생'과 '죽음'은 누구도 피해 갈 수 없는 운명이다.

　마찬가지로 인생에서 일어나는 수많은 사건을 보면, 미리 정해져 있지 않고서는 도저히 일어날 수 없는 일처럼 보일 때도 많다.

사람들은 어떤 목표를 달성하려고 할 때면 온갖 정성과 노력을 들이고도, 실패에 대한 불안과 공포로 전전긍긍하기도 한다.

그러다가 실패하게 되면 '내 힘으로는 도저히 어쩔 수 없는 운명이구나' 하면서 절망에 빠져 포기해버리는 사람이 있다.

그런 사람에게 있어서 운명이란 모든 노력을 비웃으며 성공을 방해하는 성가신 존재일 뿐이다. 몇 번 이런 경험을 되풀이하다 보면 아예 '한 번 정해진 운명은 거스를 수 없다'는 생각에 사로잡힌다.

그뿐만 아니라 자신의 능력은 한없이 부족하고, 이 세상은 본인이 도저히 어찌할 수 없는 불가사의한 힘에 의해 움직이고 있다는 확신이 들게 된다.

인간의 힘으로는 도저히 제어할 수 없는 엄청난 힘의 존재, 우리는 그 힘을 '신의 인도' 또는 '숙명', '운명'이라 부른다.

빈센트 반 고흐, 〈사이프러스가 있는 밀밭〉

운명은 정말 피할 수 없는 걸까?

운명은 우리에게 행복한 미래를 가져다주기도 하지만, 또 어떤 때는 끝없는 밑바닥으로 추락시키기도 한다.

시인이나 철학자처럼 통찰력이 깊은 사람들은 불가사의한 운명이 베푸는 은총과 잔인함을 객관적으로 해석하고 표현한다.

그리고 뛰어난 능력을 갖춘 시인이나 관찰력이 예리한 작가 중에는 운명의 본질을 꿰뚫어 불후의 명작을 남긴 사람들도 많다.

그리스나 로마의 문학작품을 보면, 불길한 운명을 개척하려는 주인공이 결국에는 맹목적인 비운을 맞이한다는 내용이 많다.

셰익스피어 작품도 주인공 스스로 비극적인 운명을 예감하게 함으로써 결국엔 그 운명에 지배될 수밖에 없는 상황으로 구성하였다.

이들 작품은 운명의 흐름을 감지하든 그렇지 않든 간에 인간은 자연스럽게 하늘이 정해 놓은 결말을 향해 걸어간다는 사실을 표현하고 있다.

그중에서도 페르시아의 수학자이며 천문학자 그리고 시인이기도 한 오마르 하이얌_{Omar Khayyam}이 쓴 〈흘러가는 시간〉은 선명한 표현력으로 운명을 노래한 작품이다.

시간은 흘러가고 흔적은 계속 쌓여간다.

시간은 지나가 버리는 것,

기원도 재능도 조각난 시간을 되돌릴 수도,

지나간 흔적을 지울 수도 없다.

당신의 눈물로도,

한 번 적혀진 글씨를 씻어낼 수 없느니.

수많은 시대의 흐름 속에서 사람들은 자신들의 힘으로는 어쩔 수 없는 어떤 힘에 좌우되고, 때로는 농락당하는 듯한 경험을 거듭하면서도 스스로를 채찍질한다.

"계획은 사람이 세우지만 그 결과는 신만이 안다."

"최선을 다하고 결과는 하늘에 맡겨라."

이 말의 참뜻은 '최선의 노력은 다하되 신의 존재를 믿고, 운명은 하늘에 맡기자'는 것이다.

운명에 관한 두 가지

세상에는 '운명은 거스를 수 없다'고 말하는 사람이 있는가 하면, '운명은 얼마든지 개척할 수 있다'고 말하는 사람도 있다.

역사를 돌이켜 보더라도 어느 시대에나 '모든 것은 자신의 운명에 따라 미리 정해져 있다'고 주장하는 숙명론자와 '운명의 흐름은 자신의 의지와 선택으로 바꾸어 나갈 수 있다'는 자유 의지론자의 양자 대결 구도로 큰 줄기를 이루고 있다.

그렇다면 운명이란 '태어날 때부터 타고나는 것'인가, 아니면 '자신의 의지와 노력으로 얼마든지 개척할 수 있는 것'인가.

사회의 어느 집단이든지 팽팽한 대립이 있는 곳에는 반드시 한 쪽에 치우치지 않는 중도적 입장이 나타나기 마련이다. 당연히 '운명을 바라보는 두 가지 시각 가운데 어느 한 쪽 손을 들어 줄 수는 없다'는 것이 중도론자의 의견이다.

저마다 경험하는 인생의 모습들이 다르다는 사실을 인정한다면 이런 양극화 현상도 나름 이해하게 될 것이다.

나는 앞으로 이 책을 통해 운명에 대한 상반된 두 가지 견해를 바탕으로, 인생에 관하여 한층 깊이 있게 풀어나가려고 한다.

눈에 보이지 않는 정신세계가 우리 인생에 어떤 식으로 작용하는가, 다시 말해 '원인과 결과'로 대변되는 '자연법칙'에 대한 설명서라고 해도 좋겠다.

인생에 임하는 정신적 자세 즉, 인생의 교훈은 자신의 의지로 삶의 방식을 선택하고 스스로 운명을 창조해 나갈 수 있도록 자유가 주어졌다는 것이다.

성공한 사람들이 말하는 그들의 노력과 인내를 통해, 이 책을 읽는 당신도 스스로 자유롭게 살아가는 힘을 길러야 한다는 것을 깨닫게 될 것이다.

원인을 운명 짓는 결과

'원인과 결과'란 인간은 스스로 자유로운 의사결정을 통해 운명을 개척할 수 있지만 그 결과는 피할 수 없는 숙명으로 봐야 한다는 것이다.

'결과'는 원인이 있어야 존재하며 '눈앞에 드러난 결

과'란 '원인과 같은 종류, 같은 속성'일 뿐이다. 즉 이들은 늘 동등하면서도 적합한 관계에 있으며 한 치의 어긋남도 없다.

인간의 정신세계와 현실에서 벌어지는 모든 현상은 이러한 '원인과 결과'가 완벽하게 균형을 유지한다.

그리고 '원인'은 인간이 자유로운 의지로 선택할 수 있지만, '결과'는 원인에 따른 당연한 결과인 운명으로 나타난다.

바꿔 말해 '결과'는 '원인'을 선택한 바로 그 순간에 이미 운명 지워졌다고 할 수 있다.

인생에서 벌어지는 모든 일들에도 '원인과 결과의 법칙'이 잠재되어 있다.

사람은 '원인'이 되는 씨를 뿌리면 당연히 '결과'라는 열매를 수확한다. 어느 한순간도 생각이 만들어내는 '행동의 씨앗'인 원인과 '인생의 사건', 결과의 균형이 무너질 때는 없다.

당신 스스로 자유롭게 선택하고 책임을 지겠다는 의지력은 '원인'을 만들고, 그에 따른 '결과'는 누구도 바꿀 수 없다.

결과가 좋든 나쁘든 스스로 선택한 행동에 의해 운

명적 결말을 맞이하는 것일 뿐!

사람의 행동은 그 사람의 '기질과 성격을 표현한 결과'로서 인생에서 일어나는 모든 일들의 '원인'이 된다.

'기질과 성격'은 사람마다 제각각이며 태어날 때 이미 타고난다. 이제 막 탯줄을 끊고 분만실에서 나온 갓난아기조차도 자신만의 내면적 특징을 가지고 있다. 이렇게 사람은 모두 특징이 다르다.

가장 안타까운 사람들은 인생에서 겪는 슬픔과 괴로움 등 힘든 일을 만날 때면 운명 때문이라며 스스로의 책임을 회피하는 유형이다.

당신은 당신의 인생을 어떻게 살고 싶은가?

스스로 성장하는 방법

만약 우리가 태어날 때 이미 삶이 결정되어 있다면, 성격 역시 변하지 않는다고 한다면 인간 스스로 삶을 변화시키기 위해 노력하지 않을 것이다. '도덕성을 높이는 교육'도 무의미할 것이다.

다행스럽게도 자신을 표출하는 내면은 성장을 향해 진화하려는 속성을 가지고 있다. 자신의 인생을 마

구스타프 클림트, 〈삶과 죽음〉

주하는 자세나 태도는 '내면의 기질과 성격'이 행동으로 표출된 결과다.

당신의 현재 모습은, 태어날 때 지니고 있던 기질과 성격, 그리고 성품과 겉모습까지 스스로 성장하기 위해 얼마나 노력했는지, 당신의 행동을 통해 수확된 '인생의 결과'라는 열매다.

그렇다면 타고난 '기질과 성격'은 이미 운명지어졌기 때문에 자신에게는 책임(원인)이 전혀 없다는 것일까?

사람들 저마다 가지고 있는 내면의 특징 즉 '기질과 성격' 또는 '인격'은 오랫동안 질서정연한 과정에서 서서히 성장한다. 여기서 말하는 시간의 경과는 수많은 경험을 가리키는 말이다.

한 개인이 '천성'이라 부르는 내면의 특징은 무수한 인생들의 수많은 실제 경험과 행동의 조화이다.

이것은 인간 개개인의 특성이 단순히 운명지어졌다는 뜻이 아니라 오랫동안 개척하고 변화시켜 왔다는 뜻으로 이해해야 한다.

운명과 함께 전생에 관하여 아직 명확하게 밝혀진 것은 없다.

만약 모든 인생이 전생부터 이어져 앞으로의 운명

까지 결정되어 있다고 해도, 정신적으로 성장을 하고 싶다면 스스로 변화하고 바꿔 나가야 한다는 사실을 인정해야만 한다. 자신의 인생을 책임지고 변화시켜 나가야 한다.

당신의 인생은 당신 스스로 걸어가야 하기 때문이다.

당신의 행동이 운명의 결과를 가져온다

행동을 실행에 옮기는 주체는 자기 자신이다. 그 행동은 당신이 키워온 기질과 성격의 색깔(특성)을 띤 '생각'을 반영하고 있다.

다시 말해 인간은 '행동의 실행자'인 동시에 '특성을 키워나가는 자'이며 '운명의 창조자'이다.

자신의 행동 패턴을 변화시키는 힘은 외부에 있지 않다. 자기 자신에게 있으며, 행동을 실행에 옮겨 나가면서 내면의 특성 또한 바꾸어 나갈 수 있다.

또한 긍정적이든 부정적이든 변화된 내면에서 새로운 행동이 탄생하고, 그 행동 끝에 당신의 운명(결과)이 연결되어 있다.

즉 당신 스스로 표현하는 행동의 결과가 바로 당신

의 내면적 특성이 걸어가야 할 운명이라는 것.

수많은 행동이 조화되어 야기되는 당신 인생의 결과는, 마치 순환하는 계절 속에서 씨앗을 뿌리고 열매를 거둬들이듯 당신 마음에서 자라났다.

자신의 특성을 규정하는 생각과 감정이라는 씨앗은, 부지불식간에 마음의 토양에 씨앗을 뿌리고, 그 사람의 성격을 나타내는 생각과 행동으로 싹트기 시작한다.

한 알의 씨앗이 나름의 성장 주기에 따라 싹을 틔우고 열매를 맺듯, 하나의 행동 역시 자연스러운 흐름의 법칙에 따라 일정한 결과를 낳는다.

이것이 바로 당신이 수확해야 할 열매다.

자연법칙이 만든 인생의 공정한 흐름

믿기 어렵겠지만 인생에서 일어나는 모든 일은 자신의 내면을 그대로 반영하는 결과다.

피하려고 해도 피할 수 없고, 간절한 바람조차 무기력하게 만들어 버리는 운명의 흐름은, 간혹 스스로를 너무나도 가혹한 존재로 느껴지게 한다.

당신의 가슴을 울리는 환희도, 예고 없이 찾아드는 고통도, 의식적이든 무의식적이든 마음에서 바라고 원하는 것들이 구체적으로 실현된 결과일 뿐이다.

이 세상의 모든 것은 이렇게 한 치의 오차도 허용하지 않는 '자연법칙'에 따라 그 흐름을 만들어 가고 있다.

정신적 내면을 성숙시켜 나가는 사람은 자기 자신을 적으로 대하는 사람에게조차 앙갚음을 하거나 원망하지 않는다.

아무리 힘겨운 상황에 부딪히거나 일이 잘 풀리지 않는다고 해도 불평불만을 늘어놓기보다 그 상황을 극복하여 새로운 흐름을 만들어 낸다.

자신에게 힘겨운 존재 혹은 당신을 시기하고 질투하는 사람, 혹독한 시련 따위는 도무지 어쩔 수 없는 것들이 아니다. 오히려 시련은 당신이 내적으로 성장하는 데 절호의 기회가 될 것이다.

스스로 자신을 객관적으로 바라볼 수 있는 사람은 자신이 직면한 상황과 환경을 겸허하게 받아들이며, 그동안 진 빚을 갚는 마음으로 끈기를 가지고 대처해 나간다.

단순히 빚을 갚는 것으로 끝나는 것이 아니라, 더

이상 미숙한 언행과 실수를 반복하지 않기 위해 자신의 행동과 습관을 변화시켜 나간다. 그것이 바로 내적 성장이다.

성숙하지 못한 삶의 방식을 청산함으로써 부정적인 환경과 힘겨운 상황 또한 끝낼 수 있다. 새롭게 거듭난 자신에게 원하는 결과를 가져다줄 씨앗을 마음에 뿌리고 성실히 가꾸어 보자.

시간의 흐름 속에 나타나는 법칙의 결과

'자연법칙'이 어떻게 인생의 흐름, '운명'을 창조해 나가는지 좀 더 이야기해 보자.

당신의 현재 인생은 당신이 걸어온 과거의 결과다.

단순히 표면적으로 드러난 것뿐만 아니라, 수면 아래의 흐름을 따라 결과를 향하고 있는 부분 또한 결과라고 할 수 있다.

당신은 인생을 살면서 착하고 성실한 사람이 실패를 거듭하거나, 오히려 비겁하고 약삭빠른 사람이 승승장구하며 성공 가도를 달리는 경우를 보았을 것이다.

그런 현실을 언뜻 보면 '정의롭고 성실한 생각과 행

동이 행복한 결과를 낳는다'라는 정신적 도덕 법칙에 어긋나는 듯 보일 것이다.

그러다 보니 많은 사람이 '정의가 반드시 성공한다는 보장은 없다' '세상을 살아 나가려면 차라리 교활한 편이 낫다'라고 생각하게 되고, 결국엔 자연법칙의 공정성마저 부정하게 된다.

하지만 선량해 보인다고 해서 그 사람 전체가 착하고 성실하다고는 할 수 없다. 반대로 약삭빠르다고 해서 모든 행동과 생각이 옳지 않다고 평가할 수는 없다.

사람은 좋든 나쁘든 변한다는 사실을 명심하기 바란다.

도덕 법칙은 자연법칙과 그 뿌리를 같이 한다. 가끔은 단순히 표면적인 결과에 시선을 빼앗기기도 하지만, 그렇다고 하여 법칙의 원리가 뒤바뀌는 것은 아니다.

언제나 최선의 씨앗을 심어라

지금은 올바른 길을 걷고 있지만 한때는 잘못된 판단으로 그릇된 길을 걸었을지도 모른다.

현재는 착하고 배려심이 많지만, 예전에는 이기적이

자코모 델 포, 〈베르길리우스와 아이네이스 전쟁 중인 카밀리아〉

고 부정적인 사고에 휩싸였던 사람도 있을 것이다.

순수한 마음으로 살아가는 사람은 스스로를 괴롭히는 부정적인 생각에 빠졌던 경험이 있을 것이다. 그런 괴로운 경험이 있기 때문에 비로소 아름다운 마음에 눈뜰 수 있을 것이다.

이와는 반대로, 과거에 올바른 생각으로 정의롭게 살았던 사람이, 현재 부정적인 생각을 가지고 사는 사람으로 변하기도 한다. 상냥하고 아름다웠던 마음을 어떤 계기로 상실해 버린 것이다.

모든 인생은 시간의 흐름 속에서 변화해 간다. 힘겹고 감당하기 어려운 상황은, 과거에 이런 현실을 일으킬 수밖에 없는 씨앗을 뿌린 결과다.

그러나 비록 현재는 불운의 연속이지만 지금, 이 순간 최선의 씨앗을 뿌리면 언젠가는 기쁨에 넘치는 수확의 계절을 맞이할 수 있다.

지금 풍성한 열매를 수확했다고 해도, 불행과 가난의 씨앗을 심는다면 결국엔 고통스러운 수확의 순간만이 다가올 뿐이다.

태어날 때부터 가진 것이지만
얼마든지 바꿀 수 있다

인생을 살다 보면 원인이 분명치 않은, 우연이라고 할 수 있는 일들이 벌어지기도 한다.

수많은 인생이 태어나고 사라지는 경험을 반복한 결과가 또 다른 새로운 인생으로 이어져 내면적인 특성으로 표출된다고 한다면, 원인과 결과의 이치는 끝없이 이어지게 된다.

인간 개개인의 '특성'은 '마음의 습관'에 따른 결과이다.

습관이 되어 버린 마음의 특성, 즉 기질과 성격은 본인도 모르는 무의식 가운데 행동 양식을 창조해 나간다.

하지만 반복되는 행동 양식이 다시 내면에 작용하면서 또 다른 마음의 습관을 만들어 나간다고 할 수 있다. 미처 자각하지 못한 채 몸에 배어 버린 나쁜 행동이 그 사람의 성격에 절대적인 영향을 끼치는 것.

의식적인 사고로 자신의 행동을 바꾸면 마음의 습관도 변화한다. 마음의 습관으로 자리 잡은 생각의 과정이 행동으로 표현되고, 다양한 형태의 행동이 지금도 시시각각 당신에게 현실로 나타나고 있다.

인생이란 얼마나 오랜 시간이 걸려 결과가 나타나느냐 하는 문제와 무관하게, 끊임없이 변화하고 있다. 변화의 결과가 긍정적이든 부정적이든지 간에 인생이 변화하고 있는 것은 당신 자신의 내적 변화가 입증하고 있다.

당신 인생에 영향을 미치는 성격은 사고와 행동의 결합에 의한 조화이며, 이는 의지력으로 얼마든지 바꿀 수 있다.

'타고난 기질은 어쩔 수 없는 것이 아니라, 얼마든지 바꿀 수 있다'는 뜻이다.

평소 본인이 못마땅하게 여겼던 성격이나 습관을 바꾸려고 노력해 보자. 더불어 자신의 장점은 더 발전시킨다면 지금보다 더 성숙한 사람이 될 것이다.

생각이 현실을 만든다

한 남자가 실직을 당해 고민에 빠졌다.

그는 게으르거나 꾀를 부리는 스타일은 아니었다. 그래서 실직 통보를 받은 후에도 좌절하지 않고 다른 일자리를 찾아 열심히 뛰어다녔다. 하지만 좀처럼 직장을 구할 수 없었다.

새로운 일자리를 얻으려는 생각(원인)을 실행으로 옮기고 열심히 노력해도 좀처럼 답을 얻을 수 없다는 것은 공정한 운명(결과)이 아닌 듯이 보였다.

이전 직장에 근무할 당시 그는 여러 가지 업무로 무척 바쁘게 지냈다.

그러나 그는 자신에게 주어진 많은 일들을 배움과 능력 개발의 기회로 삼기보다는 매우 부담스러워하고 짜증을 내는 일이 많았다.

서서히 그는 인생을 즐기며 살고 싶다는 욕망을 갖게 되었다. 그러나 직장인으로서 자신의 처지를 확실히 인식하고 업무 방식을 개선한다거나 자신의 능력을 최대한 살려보겠다는 욕망이 아니라 '업무량이 적으면 훨씬 즐거웠을 텐데'라는 쪽으로 생각이 기울었다.

자신에게 새로운 업무가 주어진다는 것은 그동안 직장에서 성실하게 일한 성과이며 보상이다. 그러나 그는 그런 환경을 좋은 결과로 받아들이지 못하고 오로지 일에서 해방될 날만을 고대한 것이다.

그의 간절한 바람은 해고라는 현실의 결과로 멋지

빈센트 반 고흐, 〈센 강둑〉

게 이루어졌다.

무의식적이긴 했지만, 늘 일거리 없는 편안한 상태를 바라던 그의 소망이 이루어진 것이다.

그 결과 오히려 더더욱 불안하고 무의미한 나날이 이어졌고, 설상가상으로 새로운 일자리를 찾는 일이 스스로를 너무나도 고되고 맥 빠지게 만들어 버렸다.

일하지 않는 삶이란

그렇다면 실직이라는 '결과' 앞에서 그가 깨달은 사실은 무엇일까?

인간이 아무런 일도 하지 않고 지낸다면 정말 행복할까?

많은 사람이 편안하고 즐겁게 살기를 바란다. 하지만 이 세상에 무조건적인 것은 없다.

자신에게 주어진 일을 충실히 하루하루 보내는 것은 스스로의 성장을 위해서도 무척 소중한 기회다.

우리는 인생의 고비마다 배워야 할 과제가 있다. 그 과제들을 확실하게 이해한다는 것은, 결과를 통해 교훈을 깨달아 간다는 뜻이다.

비로소 자신의 어리석음을 깨달은 그 남자는 진정한 자신의 일을 찾아 헤매기 시작했다. 그러고는 어리석은 '생각'이 불러온 실직이라는 슬픈 '결과'를 딛고 일어서서, 진정 자신이 해야 할 일을 찾는 데 성공했다.

그의 마음이 일에 대한 사고와 자세를 긍정적으로 바꾸었기 때문에 결과 또한 '그에 어울리는 상황'이 찾아왔다.

마음이 일 쪽으로 주파수를 맞추면 맞출수록 '생각' 또한 새로운 인생 흐름을 만들어 내어, 그에게는 더더욱 많은 일이 할당될 것이다. 더불어 현실을 겸허히 받아들이고 스스로 내면의 가치를 높이기 위해 온 힘을 쏟아야 한다.

우리가 인생에서 벌어지는 일들에 대한 '원인과 결과의 관계'를 제대로 이해하지 못한다면, 당연히 자신에게 왜 일이 주어지는지 모르는 채 살아갈 것이다.

그림자는 어떤 물체가 앞에 놓여 있어야만 생긴다. 아무것도 없는 곳에 그림자가 생길 수는 없다.

사람들이 뭔가를 열심히 구하면서도 그것을 손에 넣지 못하는 이유가 바로 여기에 있다.

천국과 지옥은 이미 현실에 존재하고 있다

치밀한 계획하에 활발하게 사업을 전개해 나가는 기업은 계속해서 도약한다.

반면, 많은 일을 게을리하고 불평불만만 늘어놓는 직원이 많은 회사는 노동력이 저하되어 결국엔 쇠퇴의 길을 걸을 수밖에 없다.

인생이든 사업이든 생각과 행동이 다양한 조건의 흐름을 만들고, 자연법칙에 따른 운명을 맞이하기 마련이다.

다양한 특성을 가진 씨앗은 다양한 행동으로 표출되며, 감춰져 있던 내면적 특성을 성장시킴으로써 열매를 맺는다.

뿌린 대로 거둔다는 말처럼 좋은 열매를 맺든 나쁜 열매를 맺든 수확의 결과는 자신의 몫이다.

그 열매란 현재 당신이 마주하고 있는 현실일 수도 있고, 수없이 반복된 삶과 죽음의 경험이 가져다준 결과물일 수도 있다.

사람들은 죽음 앞에 서면 그 인생의 행위에 따라 '천국 아니면 지옥'으로 간다고 생각하지만 '천국과 지옥'은 이미 현실 속에 존재하고 있다.

자신의 부를 이용하여 부정한 방법으로 부를 축적하는 사람은 결국 부의 위력에 고통당해야 하는 상황과 마주할 것이다.

그러나 부질없는 욕망에 사로잡히지 않고, 작지만 떳떳하게 얻은 물질을 현명하게 이용하는 사람은 마음의 풍요와 명예를 얻을 수 있다.

부정적인 생각과 행동은 부정적인 운명에 몸을 맡기는 것과 같다.

친절하고 따뜻한 마음으로 주위 사람을 대하면 언젠가는 그들의 전폭적인 지지를 받으며 큰 행운을 맞이할 수 있다.

사람들이 굳이 윤회나 환생을 믿지 않는다고 해도, 지금 살아가는 인생의 미덕과 부도덕의 결말은 자신에게 되돌아온다.

어쩌면 바로 지금이 그때일 수도 있다.

나를 바꾸면 모든 것이 변한다

사회를 구성하는 개인 스스로 뿌린 결과대로 열매

를 맺듯 국가와 사회도 나름대로 수확을 한다.

정권을 쥐고 있는 사람이 정직하고 정의롭다면 국가의 미래는 번영과 발전의 길을 걷는다. 그러나 부정과 폭력이 난무하는 사회는 쇠퇴의 길만 남을 뿐이다.

맡은 일을 성실하고 의욕적으로 임하는 사람이 많을수록 그 사회는 발전적으로 변화한다.

인격이나 성품, 학식이 높고 빼어난 사람들이 사회적으로나 정치적으로 대중을 이끌어 가는 시대가 된다면, 그 국가의 평화와 번영은 이미 보장된 것이나 다름없다.

거대한 자연법칙은 은밀하게, 정확한 공정성으로 우리 인생의 사이사이 그 틈에서 작용하고 있다.

운명을 바꾸는 자기 절제의 힘

스스로 절제할 수 있는 사람은 자신의 인생을 풍요롭게 만든다.

인간은 온갖 현대과학의 혜택을 누리며 살아가고 있다. 수많은 과학자가 지금, 이 순간에도 분석과 실험을 거듭하여 새로운 지식과 이론을 발견해 내고 우리는 그것을 바탕으로 지식을 넓혀 간다.

그러나 이토록 과학이 발달하여 풍족한 생활을 영위하면서도 왠지 소중한 무언가를 놓치고 있다는 이느낌은 무엇 때문일까?

아무리 풍족하게 생활한다고 해도 주변에 이기적인 사람들뿐이라면……, 혹은 마음의 여유라곤 찾아볼 수 없는 사람들만 가득한 세상이라면…… 진정으로 풍족하다고 할 수 없다.

우리를 이 위기에서 구할 수 있는 방법은 개개인의 '셀프컨트롤', 바로 자기 절제의 힘이다.

지금부터 '자기 절제의 힘'을 살펴보자.

과학적 지식이 빈약한 시대의 사람들은 자신의 내면적 요소와 정신적 작용에 더 큰 관심을 두었다. 그리고 그러한 분위기는 현대에 이르기까지 명성을 떨치고 있는 위대한 사상가나 철학가들을 탄생시키는 배경이 되기도 했다.

그들의 지식과 지혜는 대중에게 널리 보급된 종교적 교리의 바탕을 이루기도 한다.

성숙한 정신과 지식을 겸비한 사람은, 의지와 생각이 없는 자연의 흐름까지도 파악하여 예측하고 대비하는 능력을 보이기도 한다. 그것은 언뜻 보면 도무지 이해할 수 없는 자연의 장엄한 위력에 절대 뒤지지 않을 만큼 대단한 힘이다.

의지와 지성으로 본인 스스로 감정과 욕구를 제어하는 것이야말로 자신의 운명 그리고 더 나아가 국가의 운명을 좌우할 만한 원동력이 된다.

As a Man Thinketh

Part2.

지혜

"진리란 금과 같아서 불려서 얻어지는 것이 아니라
금이 아닌 것을 모두 씻어 냄으로써 얻어진다."

— 레프 톨스토이

마음을 다스리는
사람만이 바라는
인생을 살 수 있다

자기 절제의 힘을 다른 말로 하면 '정신과학'으로 볼 수 있다.

다양한 과학 분야에서 수많은 이론과 가설이 검증되고 사회에서 구체적으로 실현됨으로써 그 공적을 인정받듯, 마음을 다스리는 정신과학 역시 개인의 내면적 요소나 행동을 통해 그 가치를 인정받는다.

자기 절제의 힘이 뛰어난 사람일수록 지식과 인격도 뛰어나서 사회와 세상에 지대한 영향력을 발휘한다.

물리, 화학, 생물, 지구과학 등 세상의 자연 현상이 가진 힘을 연구하는 과학자는 그것을 제어할 수 있는 지식을 갖추어 나간다.

내면적인 마음의 힘을 이해하고 스스로 마음을 통제하는 지혜를 쌓아가는 사람 또한 마음 과학자라 해도 좋을 것이다.

우주를 포함한 세상에는 다양한 현상에 관하여 불변의 법칙이 있듯, 정신세계에도 나름의 법칙이 있다. 이러한 사실을 경험으로 깨달아 나가는 것이 바로 자기 절제의 힘이다.

사람이라면 누구나 마음을 다스릴 수 있다. 어떤 일에도 흔들리지 않게 스스로 마음을 잘 다스릴 수 있다면, 자기가 원하는 삶을 살 수 있다.

흔들리는 마음을 제대로 다스린다는 것은 하루아침에 이룰 수 있는 일은 아니다.

권위 있는 과학자가 되기 위해서는 오랜 연구 기간이 필요하며 수많은 역경도 참아내야 한다. 그렇게 오랜 시간 업적을 쌓고 사회적 공헌도를 인정받아야 비로소 권위 있는 과학자가 될 수 있다.

마음의 과학자가 되고 싶다면, 끈질긴 인내심으로 자신의 마음에 몰두해야만 한다. 자기 절제의 지혜를 몸으로 체득하여 자신은 물론 주변 사람들에게 자신

의 마음을 다스리고 제어하는 일만큼 힘겹고 벅찬 일
도 없다. 그것은 아무도 인정해 주지 않고 격려나 감
사의 말 한마디 건네지 않는 시간 속에서 외롭고도
고독한 작업이다.

그러므로 마음의 과학을 추구하는 사람은 홀로서
기를 명심하고, 뒤돌아보지도 않으며, 당당하게 자신
과 맞서는 법을 배워야 한다.

과학에서 연구를 진행하는 5단계

일반적으로 과학자들이 연구를 진행해 나가는 순
서를 알아보자.

1. **관찰**: 사실을 진지하고 객관적으로 포착한다.
2. **실험**: 관찰을 반복하면서 깨달은 사실을 바탕으로 법칙
   을 찾아내기 위한 특정 조건을 설정한 후 검증을 시도한
   다. 철저하고 논리적인 분석을 통해 가설과 이론이 올바
   른지 조사한 후 올바른 내용만을 사실로 남겨둔다.
3. **분류**: 관찰과 실험에 의해 확인되고 축적된 사실을 토대로
   근본적 법칙이나 일정한 규칙을 발견해 내기 위해, 기준을

마련하어 그룹으로 나눈다.

4. **추론:** 실험과 결과를 통해 일정한 현상의 법칙을 찾아내고, 사실에 근거한 원리 결과를 끌어낸다.

5. **인식:** 정확하고 객관적인 판단으로 사실을 증명하고 법칙을 확립한다.

다소 딱딱하고 어렵다는 인상을 줄 수도 있지만, 과학자들은 모두 기본적으로 이러한 과정을 거쳐 사실을 검증하며 지식을 재정비해 나간다.

그러나 과학자들의 궁극적인 목적은 단순히 몇 가지 지식을 넓혀나가는 정도로 끝나는 것이 아니다. 그들의 사명은 사회와 국가, 나아가서는 온 인류에게 새로운 지식을 전파하고 삶 속에 구체적으로 실현하게 함으로써 공헌하는 것이다.

다시 말해 그들이 말하는 과학에서 연구를 진행하는 5단계란 자신의 목적을 실현하기 위한 도구이며 협력자로서 중요한 의미가 있다.

지식은 실생활에 도움이 되고, 평안함과 행복을 가져다줄 때 비로소 가치를 지닌다.

가슴 깊은 곳에 보석을 꼭꼭 감춰 두듯, 지식을 무조

건 쌓아만 둔다면 연구의 가치는 반감할 수밖에 없다.

당신이 획득한 지식은 당신의 생활 방식과 인생에 긍정적인 도움을 줄 때만이 그 진가를 발휘한다.

자신의 마음을 다스리고 당당히 맞서는 작업은 고독한 싸움이지만, 당신의 가치를 높이는 일이다. 스스로 얻은 지혜와 지식을 올바르게 실천하고 많은 사람과 나눈다면 행복의 씨앗을 널리 전파할 수 있을 것이다.

마음에도 적용되는 과학의 5단계

어떤 현상을 제대로 관찰도 하지 않은 상태에서 새로운 법칙과 지식을 얻을 수는 없다.

무언가를 알고 싶어 하는 사람은 이미 흥미의 대상이 되는 세계를 가지고 있는 것과 같다. 그리고 그 대상에 대해 '왜 그럴까?', '어째서 그렇게 되었을까'라는 의문을 품으며 해답을 얻기 위해 어떤 형태로든 행동하기 마련이다.

알고 싶다는 흥미를 유발하는 대상의 대부분은 무언가 모순되게 느껴지기도 하고, 다른 것과는 반대 방향에 존재하는 듯 보이기도 한다. 또한 도무지 알 수 없는 무질서 상태인 경우도 있다.

앞에서 말한 과학 연구 5단계의 한 단계씩 차분히 풀어나가다 보면, 현상의 성질이나 패턴 등 사물의 본질을 파악할 수 있다.

그리고 현상과 사물에서 그것을 발생시키는 요소로 귀결되는 법칙을 찾아냄으로써, 무지를 지식으로 변환해 나간다.

정신과학을 추구할 때도 이 5단계는 매우 큰 도움이 된다. 자신의 의식을 외부가 아닌 내면으로 향하게 하되, 사물의 겉모양을 찬찬히 살피듯, 자신을 최대한 객관적인 시선으로 바라보아야 한다.

무지를 깨닫는 것에서 출발하기

우선 욕구와 감정, 자신을 향한 의식 등 당신의 행동을 유발하는 생각(동기)이나 생활 방식의 기준이 되는 사고(목적과 수단)를 찾아 나서야 한다.

자기 절제가 익숙하지 않은 상태에서는, 일관성 없는 생각이 욕구와 감정을 지배하려는 경향이 있다.

타데우시 마코우스키, 〈등불을 들고 있는 아이들〉

마음속의 욕구와 생각이 일치하지 않거나, 감정과 사고가 서로 충돌하는 등 많은 모순을 낳기도 한다.

이런 상태에서는 상황과 환경을 올바로 인식할 수 없을 뿐만 아니라, 평온한 마음으로 대처할 수도 없다. 이럴 때는 가능한 한 복잡한 일에 얽매이고 싶지 않기 때문에 고통과 불안에서 빨리 벗어나려는 생각만 하게 된다.

자기 제어는 자신의 심적 상태를 있는 그대로 깨닫는 것부터 시작해야 한다.

'내 마음 정도는 알고 있지'라고 자신 있게 대답하는 사람이 있는데, 이런 사람이야말로 자신을 전혀 모르는 사람이다.

지식 탐구는 자신의 무지를 깨닫는 것에서부터 출발한다.

자신을 제대로 제어하지 못하는 사람이 '난 스스로를 잘 알아'라고 자만하는 것은 바로 자신에 대해 무지하다는 증거다.

스스로 마음속에 존재하는 자신을 정면으로 마주볼 수 있도록 자기 절제의 5단계를 살펴보자.

자기 절제의 5단계

1단계(내면 관찰) : 자기 스스로 마음의 움직임이나 상태를 관찰한다.

이 단계는 과학의 5단계 가운데 '관찰'에 해당한다.

손전등으로 빛이 닿지 않는 곳을 구석구석 살피듯 스스로 내면을 관찰해보자. 의식의 눈으로 마음의 아주 미묘한 움직임과 상태의 변화까지 주의 깊게 그리고 최대한 객관적으로 살펴야 한다.

예를 들면 자기만족에 빠져 감정에 사로잡히는 버릇, 또는 쾌락과 열광적인 흥분으로 마음을 다스리지 못했던 습관을 버리고, 가장 자연스럽고 편안한 감정과 생각을 찾아보자.

이것이 자기 절제의 첫 번째 단계다.

이 세상에 막 태어난 아기는 어떨까? 오로지 본능적인 힘과 본질적인 기질만 가지고 있다.

아기일 때 당신은 자신을 제어할 만한 분별력도 없었을 뿐만 아니라 자신을 과장하거나 꾸미는 재주도 전혀 없는, 무력한 존재에 불과했다.

단순히 주어진 환경에 내던져진 하나의 생물체라 생각할 수도 있을 것이다.

그러나 시간이 흐르면서 다양한 환경을 경험하고, 여러 상황을 겪으면서 오히려 그들의 지배를 받고 있는 듯한 착각에 빠지기도 하며, 자신의 본질적 기질을 성장시키지 못한 채 자라올 수도 있다.

지금이야말로 자신을 제대로 통제할 수 없었던 마음에 눈을 떠야 한다. 이제 올바른 자기 제어의 힘을 이루어 나가야 할 때다.

2단계(자기분석) : 자신의 기질과 성질을 명확하게 한다.

마음의 움직임을 정확히 끄집어내고 분석하면서 자신을 좀 더 깊이 알아가는 단계다.

이때 당신에게 고통을 안겨다 주었던 마음 상태와 평화로움을 가져다주었던 마음 상태로 분류해 보자.

다양한 마음 상태와 습관은 특정한 색채를 띤 행동으로 표출되며, 당신이 감당해야 할 결과로 이어진다.

마음 상태와 행동이 일으킨 결과는 교묘한 관계를 맺으며, 그 관계가 당신에게 얼마나 중대하고 의미 있는 것인지를 서서히 깨닫게 될 것이다.

'자기분석'은 자신을 분석 대상으로 하여 마음의 움직임과 상태를 조사하면서, 본인의 본질을 명확히 밝혀 가는 과정이다.

3단계(조정) : 균형 잡힌 상태로 만든다.

앞서 관찰과 분석 단계를 거치면서 당신은 이제 자신의 기질과 심적 경향에 대해 확실히 파악할 수 있게 되었다.

그뿐만 아니라 마음 깊숙한 곳으로부터 자극과 무의식 속에 감춰져 있던 감정까지 모두 깨달았을 것이다.

'조정' 단계에서는 의식이라는 좀 더 성능이 뛰어난 도구를 준비하여 감추고 싶었던 마음에 오점이 남아 있지는 않은지 확인해 보자.

당신은 자신의 마음속에 나약함과 제멋대로인 기질, 그리고 고매한 성품이 공존한다는 사실을 알았을 것이다.

자신을 객관적으로 볼 수 있는 안목을 기른다는 것은, 타인에게 비쳐지는 자신의 모습을 파악하는 능력과도 직결된다.

이 단계쯤 되면 주변 사람이나 친분 있는 사람들을

통해 투영된 자신의 모습이 보이기 시작할 것이다.

있는 그대로의 자신과 마주할 때, 본인의 실수를 열심히 변명한다거나, 쾌락을 추구하기 위해 자신을 속이지 않아야 한다.

또한 자신을 지나치게 비하한다거나 자만심에 사로잡히지 않으며, 자신의 불행을 과장하지 않고, 꾸밈없는 본인의 모습을 인정하고 높이 평가한다.

이런 상태에 도달하면 자기 제어를 통해 자신을 어떻게 다루어야 하는지, 본인이 무엇을 해야 하는지 깨닫게 될 것이다.

또한 스스로 마음을 주체하지 못해 고생하는 것을 그만두어야 한다. 어제와 다른 내일을 살고 싶다면 바라는 대로 이루어지는 삶의 법칙, 긍정의 법칙을 마음에 새겨야 한다.

'조정 단계'는 마음속 깊이 뿌리 내린 잡초를 제거하는 작업이다. 농작물을 심기 전에 땅을 고르고 잡초를 뽑듯, 마음속의 부정적인 내면 요소를 걸러내는 것, 그것이 바로 마음을 정화하는 일이다.

풍성한 인생의 열매를 수확하고 싶다면, 평온한 마음의 밭에 올곧은 행동의 씨앗을 뿌려야 한다.

4단계(적응) : 생각과 행동을 바른 궤도로 맞춘다.

마음과 정신이 긍정의 법칙에 맞추어 작용함으로써 한 개인의 생각과 행동을 조정한다는, 자그마한 법칙을 깨닫게 된다면, 좀 더 커다란 법칙이 세계를 움직인다는 사실도 알게 될 것이다.

이 법칙은 영원불변한 '중력의 법칙'만큼이나 변함없는 위대한 법칙이다. 모든 사고와 행동이 이 법칙에 따라, 공정한 결과를 만들어 내는 궤도를 만든다.

이 법칙의 공정한 룰rule, 규칙에 우리의 마음과 행동을 맞춰나가자.

제대로 정상의 궤도에 오른 사람은 일의 과정이나 방향성을 무시한 채 행동하지 않으며, 정의에 근거한 법칙에 알맞은 생각과 행동을 한다.

법칙에 있어 정의란 한 개인의 판단이 올바르고 공정하다는 의미와는 질적으로 다르다. 그것은 시대와 조건에 따라 수시로 변하는 것이 아니라, 영원히 변하지 않는 것이다.

당신이 올바른 삶을 살아간다면, 더 이상 악한 마음과 부정적인 상황으로 고민하거나 힘들어하지 않게 된다. 스스로 고난과 힘든 환경을 멋지게 통제하는 관리

율리우스 폰 클레베, 〈겨울 숲을 통한 귀가〉

자가 될 것이다.

자신의 정신 에너지를 무의미한 곳에 허비하지 않고, 가치 있는 목적을 실현하는 일에 발휘할 수 있다.

'원인과 결과의 법칙'은 자기 인생에서 스스로를 확실히 제어하게 한다. 인생에서 수없이 흔들리는 마음을 붙잡을 수 있게 생각하고 행동할 수 있게 된다.

이제 당신은 과거의 잘못과 슬픔에서 벗어나, 삶의 지혜가 부족하였던 무지와 그로 인한 불안을 극복하고, 강하고 힘찬 삶을 살게 될 것이다.

5단계(각성) : 진실과 지혜로 더불어 살아간다.

건강한 사고와 올바른 행동은 정신의 가치를 높여주고, 그 사람의 마음을 신성한 법칙의 궤도에 올려놓는다.

신성한 법칙이란 모든 사람이 맞닥뜨리는 상황과 문제의 원리로서, 비단 인간뿐 아니라 국가의 운명까지도 그 영향력 아래에 있다.

자기 제어 능력을 키워 나가는 동안, 사람은 진실한 지혜에 눈뜨게 된다. 무지를 깨닫고, 지식을 쌓으며, 그 지식을 삶의 지혜로 바꾸어 나가는 사람이야말로 마음의 과학자다.

자기 세어의 힘을 올바르게 깨달은 사람은 모든 이들에게 행복과 도움을 베풀 수 있는 지식이 자신에게 있다는 사실을 깨닫는다.

누구에게나 적용되는 보편적 지혜를 자기 인생에서도 찾아낼 뿐만 아니라, 사람들을 대할 때도 본질적으로 변함없는 가치관과 행동으로 다가갈 수 있다.

안 좋은 상황이나 갑작스럽게 문제에 직면한다고 해도, 올바른 생각과 행동을 통해 긍정적인 결과를 낳게 될 것이다.

지식과 지혜는 많은 사람과 공유하라

시대를 초월한 지혜는 단순히 당신 자신만을 위한 성과가 아니다.

물론 처음에 당신이 자기 제어에 관한 지식을 갈망했던 이유는, 스스로를 제대로 알고 통제함으로써 인생을 긍정적인 방향으로 전환하고 싶었기 때문이다.

그러나 일단 5단계까지 완주하며, 스스로 행복의 길로 들어섰다고 만족해 버리면, 더 이상의 발전은 없을 것이다.

하지만 5단계 전 과정을 뛰어넘는 다음 단계가 아직 남아 있다.

그것은 당신의 지식과 지혜를 많은 사람과 나누고 공유하는 것. 개인적인 이익과 행복에만 머무르지 않고, 당신이 깨달은 지식과 지혜로 이루어낸 결과를 많은 사람에게 널리 전파하자.

이 작업을 성공적으로 해낸다면, 당신은 지금보다 정신적으로 훨씬 풍성한 사람이 될 것이다.

제임스 앨런의 인생 조언

우리 집에는 아름다운 정원이 있다. 그 정원에는 겨울 동안 무수히 많은 새들이 모여든다. 나의 하루 일과는 그 새들에게 모이를 주는 것으로 시작한다. 모이를 쪼아 먹는 그 새들을 관찰하다보면 새들은 나에게 놀랄만한 광경을 보여준다.

어느 날 나는 한 덩어리의 빵을 새들에게 던져주었다. 그 빵은 평소 새들에게 주던 것보다 훨씬 많았다.

그 많은 새들이 충분히 배고픔을 달랠 수 있는 양이었다. 그런데 빵을 던져준 순간, 전혀 예상치 못한 일이 벌어졌다. 충분한 모이를 주었음에도 불구하고 새들 사이에서는 격렬한 싸움이 일어난 것이다. 싸움의 결과 몇 마리의 새들만이 빵을 독식했다. 그리고 다른 새들이 접근하지 못하도록 공격하는 것이 아닌가.

새들이 보여준 싸움으로부터 격렬한 경쟁의 무서움을 알 수 있었다. 풍부하게 모이가 있어도 자기가 살기 위해서 모이를 빼앗기지 않으려고 주위를 더욱더 경계하는 것이다.

이것은 자연계의 생물이 보여주는 생존 경쟁의 한 장면이다. 인간의 세계에도 같은 광경이 떠오르지 않는가?

경쟁은 부족하기 때문에 일어나는 것이 아니다. 풍족하기 때문에 일어난다. 사치를 하면 할수록 자신의 풍부함과 사치스러운 생활을 유지하기 위한 경쟁의식은 더욱 심해진다. 실제로는 풍부하고 아무것도 부족한 것이 없는 가운데 경쟁이 시작된다.

이 세상은 개인적인 경쟁에서부터 시작하여 조직이나 국가 간의 투쟁으로 세월을 보낸다. 비즈니스 세계에서도 치열한 경쟁이 일어나고 있다. 약한 자는 소외당하고, 강한 자는 승리를 획득하여 자기의 몫을 넓히기 위해 격렬한 싸움을 계속한다.

이런 격한 경쟁 사회도 사회 현상도 행복하다고 할 수 없다. 거기에는 공통되는 하나의 원인이 있다. 그 원인을 사람들의 마음속에서 발견할 수 있다.

그 한 사람 한 사람의 행동은 각자의 마음으로부터 생겨난다. 전쟁, 사회적 정치적 논쟁, 파벌 싸움이나 개인간의 다툼, 그리고 비즈니스에 이르기까지 싸움의 원인이 되고 있는 공통의 원인은 이기적인 생각, 즉 이기주의에 있다.

사람의 마음속에 이기적인 생각으로만 가득 차 있다면 싸움이나 경쟁은 필연적이다. 자기를 최우선으로 하는 생각, 타인이나 사회를 전혀 배려하지 않는 태도, 그러한 근본적인 원인을 없애지 않으면 사회도 조직도 사람도 바뀌지 않는다.

원인을 없애지 않으면 결과는 바꿀 수 없다. 원인이 있는 한 그 결과는 필연적이다. 인간의 이기적인 생각이나 오만을 어떻게 다루어야 할까?

모든 것은 서로 빼앗으려고 경쟁하지 않아도 얻을 수 있다는 마음으로부터 출발해야 한다.

다른 사람의 고통이나 괴로움을 함께 나누고 자신의 이기심을 버리고 진정한 기쁨을 함께 나눌 때, 그것이 경쟁할 때보다 더 많은 것을 얻을 수 있다는 것을 깨닫는 것이다.

As a Man Thinketh

Part3.

———

성공

"모든 전사 중 가장 강한 전사는 이 두 가지, 시간과 인내다."

— 레프 톨스토이

가장
완전한
법칙

모든 결과에는 필연적인 원인이 있다. 인간의 행동과 결과를 유심히 살펴보면 이 거대한 자연법칙이 우리 인생에도 공평하게 적용된다는 사실에 깜짝 놀랄 수밖에 없다.

과학은 티끌만 한 먼지에서부터 거대한 은하계에 이르기까지, 즉 지구를 포함한 온 우주 전체가 물리적으로 완벽한 조화를 이룬다고 본다.

은하계를 살펴보면 무수히 많은 항성이 우주 공간에 존재하고, 항성 주변에는 행성이 각자 정해진 궤도를 반복하며 돌고 있다. 웅장하고 위엄찬 모습을 자랑

하는 성운, 운석, 바다 그리고 빠르게 돌진해 오는 혜성까지 이 모든 것이 오묘한 질서와 규칙 속에 움직이고 있다.

자연 세계도 이와 마찬가지로, 질서 정연한 특정 법칙 아래에서 완벽한 조화를 이루며 여러 곳을 돌아다니고 있다.

자연의 일부인 우리 인간은 어떨까? 인간 역시 저마다 다양한 생활 방식과 변화무쌍한 행동 양식으로 살아가지만, 여전히 거대한 자연법칙에서 벗어날 수 없다.

우주와 자연은 그 규칙을 위협하는 움직임이 하나라도 생기면 연쇄적으로 변화하기 시작한다. 질서가 무너진 혼돈 속에는 더 이상 조화로울 수 없다.

법칙은 모든 변화를 아우르고 다시 완벽한 조화를 만들어 내는데, 우리는 그 힘을 가장 선하고 고귀하면서도 현명한 '삶의 지혜'라고 부른다.

존재하는 모든 것은 법칙 아래 존재하고 작동되도록 만들어졌기 때문에 이 법칙을 무시하거나 벗어날 힘은 세상 어디에도 없다.

다시 말해 거대한 자연법칙을 이해하고, 그 위력을

거스르지 않으며 살아가는 것이야말로 가장 현명한 지혜다.

일단 선택하면 결과는 바꿀 수 없다

"모든 결과에는 필연적인 원인이 있다"라는 말에는 눈에 보이는 세계는 물론, 눈에 보이지 않는 정신세계에도 적용된다.

당신이 아무리 비밀스러운 '생각'을 한다고 해도, 그것은 자연법칙에 따라 어떤 형태의 결과를 초래한다.

그뿐만 아니라 당신의 행동 역시 다른 사람들 눈에 띄든 안 띄든 일정한 결과를 낳는다.

거대한 자연법칙에 따라 나타나는 인과관계는 어떤 힘으로도, 그 누구도 피할 수 없는 운명을 지니고 있다.

올바른 행동을 하면, 그에 상응하는 좋은 결과를 얻는다. 잘못하면, 역시 그에 따른 결과가 기다린다.

적절한 행동만이 적절한 결과를 낳는다.

우주는 완벽한 공정성과 규칙 안에서 움직이고 있다. 그 일부인 인간도 같은 법칙의 절대적인 영향을 받고 있다.

당신의 행동은 또 하나의 원인이 되어 현재나 미래에 어떠한 결과를 가져오며, 원인의 질과 결과의 질은 일치한다.

더욱 흥미로운 사실은, 결과를 만들어 내는 원인은 본인 스스로 선택할 수 있지만, 원인을 통해 표출되는 결과는 절대 바꿀 수 없다는 점이다.

즉 어떤 생각으로 행동할 것인지는 스스로 결정해야 하는 영역이지만, 그로 인한 결과는 바꿀 수 없다는 것이다.

인생에도 정답이 존재한다

인간은 저마다 다른 능력을 지니고 있고 그 능력을 발휘하려고 노력한다. 그러나 아이러니하게도 행동의 결과를 조작할 능력은 없다.

당신이 행한 행동의 결과는 변경하거나 삭제하는 것이 불가능하다.

불순한 생각으로 행동하면 당연히 고통스럽고 부정적인 결과를 맞이한다.

줄리어스 크론버그, 〈에코〉

당신의 행동이 결과의 가치와 내용을 결정한다. 이 진실만 명확히 이해하면 인생에 대한 해답은 단순 명쾌해진다.

과학과 기술의 눈부신 발전으로, 구불구불한 산길을 시원하게 뻗은 고속도로로 만들 수 있는 것처럼, 인생의 법칙만 완벽하게 소화한다면 당신 인생의 흐름을 바꿀 수 있다.

그뿐만 아니라 고통과 슬픔에서 벗어나기 위한 출구를 찾아낼 수도 있으며, 그 문을 열어젖힐 힘도 얻을 수 있다. 당신의 모든 생각과 행동에 풍부한 지혜와 지식을 훌륭히 접목시킬 수도 있다.

인생을 '간단한 계산 문제 같은 것'이라고 생각해보자.

수학 공식을 전혀 알지 못할 때에는 아무리 쉬운 수학 문제도 복잡하고 난해하게 느껴지지만, 일단 공식과 원리를 이해하게 되면 머리를 쥐어뜯을 필요 없이 일사천리로 명쾌하게 풀었던 경험이 한두 번씩은 있을 것이다.

모든 현상과 문제를 완전히 파악하고 인식하게 되면, 인생을 간단하고 단순하게 풀어나가는 방법 역시 저절로 알게 된다.

　틀린 공식으로는 같은 문제를 몇백 번 풀어도 틀린 답이 나올 수밖에 없고, 비뚤어진 자로 수백 번 재 봤자 틀린 수치만 나올 뿐이다. 정확한 방법과 도구만 있으면 단 한 번에 성공할 수 있다는 사실을 외면한 채, 우리는 얼마나 먼 길을 돌아가고 있는가.

　정확한 공식을 깨달은 학생은 정답을 쓸 수 있을 뿐 아니라, 어느 부분이 틀렸는지도 알 수 있다.

　인생의 법칙으로 정답을 찾아낼 수 있다는 확신에 가득 찬 사람은 어떤 문제나 어려운 상황이 닥쳐도 당당히 맞설 수 있다.

　처음에는 계산 문제에 손도 못 대던 학생이 올바른 계산법을 터득하게 되기까지를 한 번 살펴보자.

　이 학생은 일부러 틀리게 계산한 것이 아니므로 나름대로는 최선을 다하고 '이번에는 맞았겠지'라고 생각했을 것이다. 그러나 몇 차례 틀리다 보면 확신도 없어지고, '또 틀린 게 아닐까?' 하는 불안감도 생긴다.

　진정 이 문제를 풀고야 말겠다는 의지를 가진 사람이라면, 틀렸다고 지적을 당했을 때 재빨리 자신의 실수를 눈치챈다. 그리고 설명을 조금만 들으면 이해할 수 있다.

그동안은 잘못된 방식으로 살아온 사람이라도 본인이 그것을 인정하고 새로운 삶을 살아가려는 의지가 있다면, 새 삶은 얼마든지 가능하다.

인간이 불안해하고 고민하는 이유는 어떻게 살아야 하는가에 대한 해답(계산법)을 모르기 때문이다.

학창 시절을 돌이켜 보면, 공부도 안 하면서 시험시간이면 늘 커닝을 하여 좋은 점수를 따는 친구들이 있었다.

그러나 선생님은 그 친구가 정말로 그 문제를 아는지 모르는지 분명히 알고 계셨던 기억도 난다. 여기서 더욱 중요한 것은 그 친구가 계속해서 커닝을 하는한, 영원히 그 문제를 풀 수 없다는 사실이다.

인생에도 정답이 없는 것처럼 보이지만, 실은 정답이 존재한다.

한 장의 천은 씨실과 날실의 완벽한 조화다

한 장의 천을 그저 평범한 천 한 조각이라고 생각한다면, 그것은 하나의 직물에 지나지 않는다.

그러나 그 직물이 어떻게 짜여 있는지 꼼꼼하게 들

여다보면, 아주 미세한 씨실과 날실이 정교하게 교차하면서 한 장의 천으로 완성되었음을 알 수 있다.

씨실과 날실은 서로 조화를 이루며 공존하는 관계다. 그런데 이들이 서로 자신의 역할을 저버린다면 천은 완성될 수 없다.

우리 인생은 한 장의 천과 같다. 그리고 씨실과 날실은 개인의 생각과 그 생각을 표현하는 생활 방식이다.

모두 날실일 수 없고 모두 씨실이 될 수 없듯이, 우리 인생도 모든 것이 조화를 이루어 제 몫을 다할 때만이 아름다운 한 장의 천으로 태어날 수 있다.

날실이 꼬여 있으면 천 자체가 뒤엉키게 되고, 씨실이 너무 엉성해도 촘촘한 천이 만들어질 수 없다. 즉 천의 가로 쪽에 문제가 생기는 것은 날실 때문이고, 길이에 문제가 생기는 것은 씨실이 원인이다.

이처럼 우리 인생이 여러 가지로 얽혀 있어서 어수선하게 보이는 것도 인간의 생각이라는 날실과 씨실이 고통과 환희를 절묘하게 만들어 내면서도 복잡하게 어우러져 있기 때문이다.

잘못된 원인 끝에 잘못된 결과가 있는 것은 단순하고도 명쾌한 진리다.

또한 질 나쁜 실로 짠 천이 좋을 리 없듯이, 자기 멋대로 생각하고 무책임한 행동의 실로 짠 인생은 결코 아름다울 리 없다.

당신의 생각과 행동은 날실과 씨실이 되어 당신이 입을 옷을 만든다. 자신이 입을 옷을 스스로 만드는 작업에 대해 타인에게 책임을 물을 수는 없다. 또한 다른 사람의 옷에 관하여 그 책임을 추궁할 수도 없다.

자신의 생각과 행동을 관리하고 책임져야 할 사람은 바로 당신이기 때문이다.

모든 것은 원인과 결과의 완전한 관계

"재앙의 원인을 다른 곳에서 찾지 말라. 스스로의 생각과 행동 방식, 그것이 바로 재앙의 근원이다."

이 말은 프랑스 계몽가이자 위대한 사상가 장자크루소Jean-Jacques Rousseau가 남긴 명언이다.

모든 어려움은 당신의 행동에서 비롯된다. 행동이 올바르면 모든 어려움과 문제는 말끔히 사라진다.

미국의 저명한 사상가인 에머슨Ralph Waldo Emerson도 이런 말을 남겼다.

"은혜와 보답, 어느 한쪽도 손해 보거나 기우는 일이 없다. 이 세상의 모든 것은 완전하고 공정한 균형을 유지하고 있기 때문이다."

모든 언어와 말은 사람의 입을 통해 나오는 순간부터 반응을 일으키고, 행동은 효과를 불러온다. 반응과 효과는 말과 행동 자체와 완벽하게 일치되어 있다. 이는 마치 원인과 결과도 완벽하게 균형을 유지하고 있는 것과 같은 이치다.

한편 원인과 결과는 동시에 일어나기도 한다.

예를 들면 나쁜 생각이나 다소 비겁한 생각을 하면, 바로 그 순간부터 그 사람은 조금씩 불안에 떨게 된다. 나쁜 생각을 말로써 표현하는 순간, 자신의 귀로 듣게 되고 그 말로 인하여 마음은 평온함을 잃은 채 고통스러울 수밖에 없다.

나쁜 생각을 하고 말이나 행동으로 그 생각을 표출하는 사람은 스스로를 서서히 비참하고 불행한 인생으로 몰아가고 있는 것과 같다.

반대로 늘 남을 배려하고 긍정적인 생각을 하는 사람은 바로 그 시점부터 높은 품격과 행복으로 물들기 시작한다. 나아가 배려와 긍정적 사고를 바탕으로 한

클로드 모네, 〈파라솔을 든 여인〉

말과 행동은 그 사람을 정신적으로 성숙하게 하고 진정한 행복으로 나아가게 한다.

행동은 개인의 장단점은 물론 긍정적인 면과 부정적인 부분 모두 적나라하게 표현한다. 그리고 마음속에서는 원인과 결과가 완벽하게 균형을 이루어 인생을 행복하게도 하고 불행의 나락으로 떨어뜨리기도 한다.

갑작스럽게 마음에 떠오르는 생각, 주체적인 사고, 이 모든 것은 당신의 행동으로 드러나며, 말과 행동은 바로 당신 스스로를 표현하는 것이다.

불안하거나 초조할 때, 자신이 몹시 불행하다고 느껴질 때, 큰 어려움에서 힘들어할 때, 일단 자신부터 되돌아보기를 바란다.

이런 어려움의 근본 원인은 그 무엇도 아닌, 바로 자신에게 있음을 깨닫게 될 것이다.

마음속에 확고한 목표를 세우자

강인한 마음이 없으면 아무것도 이룰 수 없다.

또한 마음먹은 일을 현실 속에서 완성하려면 '의지

력'이 필요하다.

반드시 해야 할 일을 눈앞에 두고 있을 때, 그 일을 완수하는 힘은 강인한 의지뿐이다. 이 힘은 일시적인 경우뿐 아니라 기나긴 인생을 살아갈 때도 꼭 필요한 능력이다.

'강인한 마음' 즉, 절대 동요하지 않는 확고한 의지력을 키워나가는 작업은 스스로의 성장을 위해 절대적으로 필요한 일이다.

가장 먼저, 마음속에 확실한 목표를 세우는 일부터 시작하자.

목표는 어떤 것이라도 좋다. 목표 없이 살아가는 사람만큼 불행하고 지루한 인생은 없다. 본인의 능력은 그대로 잠재워 둔 채, 무조건 주변에 의지하며 살아가는 인생 역시 너무나도 무의미하다.

혹시 이 글을 읽는 독자들 가운데 '당신의 능력을 높여 드리겠습니다!'라는 그럴듯한 광고에 현혹되어 주머니에 있는 돈을 탈탈 털어 가며 투자했던 경험이 있는 사람이라면, 당신에게 꼭 하고 싶은 말이 있다.

당신의 능력은 충동적인 자극이나 비밀스러운 수업 따위로 키워나갈 수 있는 것이 아니다.

오로지 그것을 가능하게 하는 힘은 강인한 의지뿐이다. 의지력만이 당신의 가치를 높이고 능력을 길러준다.

우리 일상을 유심히 관찰하면, 정신력을 키울 수 있는 기회는 얼마든지 있다. 그런데도 신비하다거나 특별해 보이는 방법에 마음이 끌리는 이유는, 현실 속의 수많은 기회를 미처 깨닫지 못했기 때문이다.

가치 있고 소중한 길은 대부분 지극히 단순하고 명쾌하다.

의지를 강화하는 일곱 가지 규칙

인간은 강인함과 나약함을 동시에 발휘하지 못한다.

활력이 넘치는 사람이 나약한 모습을 하고 있기 어렵다. 병들어 고생하는 사람이 건강한 모습으로 씩씩하게 걸어 다닌다는 것은 상상도 할 수 없는 일이다.

이와 마찬가지로 나약하고 의존심만 가득한 사람이 강인한 의지를 바란다는 것은 이치에 맞지 않는다. 그러므로 강한 자신을 원한다면, 우선 본인의 약점부터 극복해야 한다. 이 얼마나 단순하면서도 명쾌한 논

리인가.

의지를 강화하는 방법은 이미 당신 손안에 쥐어져 있다. 약한 마음과 반복적인 일상. 이 정도면 강인한 의지를 키워나가야 할 환경과 필요성은 갖춰진 셈이다.

자, 지금부터 '의지력 트레이닝'을 시작해 보자.

우선 의지를 강화하는 '일곱 가지 규칙'부터 소개하겠다.

1. 나쁜 습관을 버려라.
2. 좋은 습관을 길러라.
3. 무슨 일이든지 신속하게 시작하라.
4. 집중하라.
5. 규율에 맞게 생활하라.
6. 말과 언어를 다스려라.
7. 마음을 다스려라.

이러한 규칙을 삶에 적용한다면 그 어떤 문제를 만난다고 해도 침착하게 해결할 수 있다. 인생을 사는데 삶의 방향을 알려주는 중요한 열쇠가 될 것이다.

의지가 필요한 이유

앞에서 '나쁜 습관을 버려라'고 말했지만, 이는 그리 간단한 문제가 아니라는 것을 경험으로 잘 알고 있을 것이다.

그러나 나쁜 습관을 버리려는 지속적인 노력만이 자신을 전진하게 하는 힘이다. 강인한 의지를 끈기 있게 밀고 나가면서 스스로를 격려함으로써 점점 강인한 마음과 함께 나쁜 습관을 버리게 된다.

'이건 나한테 너무 무리니까 다음으로 넘어가자' 하고 첫 번째 규칙부터 무시하면 의지력 트레이닝은 아무런 의미나 효과가 없다.

바람직하지 않다는 것을 알면서도 눈앞의 이익과 쾌락에 무너져 버린다는 것은, 그만큼 마음이 나약하다는 증거다. 그런 상태에서는 의지를 강화한다거나 능력을 향상시킬 수 없다.

나쁜 습관을 포기하지 않는 것은 인간으로서 자신을 컨트롤할 수 있는 권리를 포기하는 것과 같다.

일상생활에서 얼마든지 가능한 일을 애써 외면하고, 굳이 '특별하면서도 신비로운 훈련법'을 찾아 나선다면, 노력은 노력대로 쏟아붓고 효과는 전혀 보지 못하는 어리석음을 범할 뿐이다.

'한 가지 규칙쯤이야 무시해도 괜찮겠지' 하는 마음 자체가, 이미 스스로 의지력을 약화시키는 행위이다.

'나쁜 습관을 버려라'는 규칙을 잘 소화한다면, 둘째 규칙인 '좋은 습관을 길러라'는 반쯤 성공한 것이나 다름없다.

- 나쁜 습관을 버리면 인생의 목적의식이 강화된다.
- 좋은 습관을 기르면 목적의 방향성을 확실히 할 수 있다.
- 굳건한 목적의식을 가지고 목적의 방향성을 확실히 잡으면, 의욕적이고 활발한 정신세계에 몰입하게 된다.
- 의욕적으로 변하면 새로운 일도 빠르게 시작할 수 있다.
- 몰입을 경험하면 집중력도 높아진다.

이렇게 자연스럽게 이어진다. 이 정도 수준에 도달하면 다섯째 규칙인 '규율에 맞는 생활'로 물 흐르듯 넘어갈 수 있다.

해야 할 때 해야 할 일을 하라

일곱 가지 규칙 가운데 셋째와 넷째 규칙은 '완전을 지향하는' 마음의 과정이라 할 수 있다.

게으른 정신에서 강인한 의지가 생겨날 수 없다.

무슨 일이든지 신속하게 대응해야 한다. 그리고 최대한 열정적으로 시작하라.

본인이 반드시 해야 할 일임을 알면서도 계속해서 뒤로 미루기 시작하면, 목표에 도달하기 위한 동기 유발은커녕, 행동도 시작하지 못한 채 그 일은 물거품이 되고 만다.

"해야 할 때, 해야 할 일을 하라."

언뜻 들으면 매우 사소한 말처럼 보이지만, 자세히 생각해 보면 이는 매우 중요하다.

머리에 퍼뜩 떠오르는 아이디어에 즉각적으로 대처하지 못해 귀중한 기회를 놓쳤던 적이 얼마나 많았던가. 해야 할 일을 계속 미루다 보면 무의식적으로 신경 쓰게 되고, 그러다 보면 자신도 모르는 사이에 침착성을 잃는 상황까지 이른다.

일단 시작한 일은 적극적으로 추진해 나가라.

'무슨 일이든 신속하게 시작하라'는 규칙은 강인함을 길러주는 동시에 안정된 정신 상태에서 성공을 향해 매진할 수 있도록 돕는 역할을 한다.

"자신이 해야 할 일에 집중하라."

될 대로 되라는 식으로 태평하고 안일하게 일을 해나간다는 것은, 무엇보다 의지가 약하다는 증거다.

담대한 마음을 원한다면, 아무리 사소한 일이라도 수준 높고 완벽하게 처리해 나가는 습관을 들이기 바란다.

그러기 위해서는 문제나 상황의 겉모습만 보는 것이 아니라, 본질을 파악하고 전체를 바라보면서 정신을 집중해야 한다.

그런 자세로 임하면 '지금 내가 추구하고 이루려는 것이 무엇인가'라는 총체적인 목적에 생각을 맞추고 온정신을 모아 집중할 수 있다.

· 전체적인 목적을 파악한다.

· 집중력을 높인다.

이 두 가지 정신적 능력은 사물의 중요성과 가치를 올바로 이해하는 데 큰 도움이 될 뿐 아니라 마음을 침착하게 하며 성공의 기쁨을 안겨다 준다.

당신의
이상은
미래

　이상을 그려보자. 미래를 계속해서 그려보아야 한다. 자신의 마음을 가장 최고로 두근거리게 만드는 것. 자신의 마음을 더욱 강하게 울리는 것. 마음속에서 실현하고 싶다고 생각하는 것을 가슴에 품어야 한다.

　그 안에서 기쁨과 천국을 느낄 수 있다.

　사람은 누구나 소망을 품고 그것을 실현하기 위해 노력한다.

　자신의 이기적인 소망이 실현되면 당신은 진정한 만족을 얻을 수 있을까?

　또한 맑고 순수한 소망을 품고 있는 사람이 난관에

부딪혔을 때 그대로 주저앉을까?

그런 일은 절대로 없다. 모든 일은 '원인과 결과의 법칙'에 따라 이루어지기 때문에 그런 결과는 결코 일어날 수 없다.

지금 당신이 처한 환경은 당신이 원하던 것이 아닐지도 모른다.

그러나 그런 상황은, 당신이 높은 이상을 품고, 그것을 향해 걷기 시작하면 사라질 것이다.

높은 꿈을 가져 보자.

그러면 당신은 원하던 자신의 모습을 발견할 것이다.

당신의 이상은, 당신의 미래를 예언하는 것이다.

지금까지 달성된 모든 위대한 업적은 처음에는 단순한 꿈에 불과했다.

떡갈나무는 한동안 도토리 속에서 잠을 잔다.

새들은 알에서 깨어날 때까지 기다린다.

그리고 우리의 아름다운 미래가 실현될 때까지 천사들은 바쁘게 움직인다. 두려움 없는 평온한 마음으로 이상을 실현하기 위해 전진하라.

눈앞에 펼쳐진 미래가 이상으로 가는 방법을 가르쳐 준다고 믿어 보자.

빌헬름 트뤼브너, 〈풍경〉

여러 번의 기회가 차례로 당신 앞에 나타날 것이다. 그때마다 하나씩 실행하면 된다.

원인과 결과의 법칙은 항상 올바르게 기능하고 더할 나위 없이 정확하게 당신에게 올바른 결과를 가져다줄 것이다.

맑고 순수한 생각

좋든 나쁘든 마음의 습관은 그에 맞는 상황을 몸으로 표현한다.

맑고 순수한 마음은 몸을 건강하게 만들고, 나쁜 마음은 몸을 병들게 한다. 나쁜 생각은 혈액을 탁하게 만들고, 맑고 순수한 생각은 혈액을 맑게 한다. 마음을 고치지 않으면 아무리 식생활을 개선해도 효과를 볼 수 없다.

하지만 늘 맑고 순수한 생각을 하면 더 이상 병이 들 것을 걱정할 필요가 없다. 맑고 순수한 마음을 품으면 그 순간부터 우리는 아주 자연스럽게 불순한 것들을 받아들이지 않게 된다.

악의, 질투, 분노, 불안, 절망은 인간의 몸에서 건강과 아름다움을 빼앗아 간다.

우울한 얼굴은 우연의 산물이 아니라 우울한 마음 때문이다. 불순하고 어두운 마음 때문에 얼굴에 보기 흉한 주름이 지기도 한다.

신선한 공기와 햇빛으로 집안을 가득 채워 밝고 쾌적한 주거환경을 만들듯이 우리의 마음을 기쁨과 선의로 채울 때 표정은 밝아지고 몸은 건강해지며, 평온한 마음을 가질 수 있다.

인생을 변화시키는 생각

우리는 사고를 통해 인생을 파괴할 수도 있고 훌륭한 인생으로 변화시킬 수도 있다.

사색을 많이 하고 내면을 가꾸면 그에 따라 외면의 모습도 변화한다. 우리가 아무리 마음속 깊은 곳에 무언가를 감추려 해도 내면의 모든 것은 언젠가는 외면으로 나타난다.

불순하고 이기적인 마음은 불운과 불행을 부르고, 순수하고 이타적인 마음은 행운과 행복을 부른다. 마음은 자신과 같은 성질의 것을 끌어당기고, 그 이외의 것은 절대로 끌어당기지 않기 때문이다.

이 사실을 깨닫게 되면 우주를 지배하고 있는 '원인과 결과의 법칙'도 알게 된다. 우리의 인생에서 발생하는 모든 사건은 그 결과가 좋든 나쁘든 원인과 결과의 법칙에 따라 일어난다.

몸과 마음은 하나

몸은 마음을 거역하지 못하고 항상 마음이 시키는 대로 따른다.

마음이 불순하고 어두우면 병에 걸리거나 몸이 쇠약해지지만, 마음이 맑고 순수하면 젊음과 활력이 넘쳐난다.

병과 건강은 환경과 같다. 내면의 마음 상태가 밖으로 나타난 것이다. 어둡고 우울한 생각은 결국 병을 만들고, 격렬한 두려움은 탄환에도 지지 않을 만큼 빠른 속도로 인간을 죽음으로 몰아간다. 몸이 아프면 기분까지 나빠진다. 또 기분이 나빠지면 몸이 아파진다.

이 사실은 누구나 잘 알고 있다.

병을 두려워하는 사람은 병에 걸리기 쉽다.

불안한 마음은 정상적인 몸의 기능을 어지럽히고, 제대로 기능하지 않는 몸은 병 앞에 무방비 상태가 된다. 불순한 생각은 행동으로 나타나지 않아도 마음을 어지럽힌다.

한편, 맑고 순수하며 행복한 생각은 활력으로 가득 찬 아름다운 몸을 만들어 준다. 인간의 몸은 섬세하고 유연한 장치이며 마음에 민감하게 반응하기 때문이다.

마음이란 정원과 같은 것

당신의 마음은 정원과 같아서 아름답게 가꿀 수도 있고, 그냥 방치해 버릴 수도 있다.

정원에는 반드시 무언가가 자란다. 하지만 버려진 정원에서 자라는 것은 쓸모없는 잡초뿐이다.

당신이 만약 행복한 인생을 살고 싶다면 뛰어난 정원사가 정성껏 가꾼 정원에 아름다운 꽃씨를 뿌리듯, 마음의 정원에 피어난 나쁜 생각을 버리고 좋은 생각의 나무를 심어야 한다.

이렇게 마음의 정원을 꾸준히 가꾸면, 시간이 흐를

수록 당신은 자신의 생각과 인생의 관계를 더 명확하게 이해할 수 있다. 그 생각이 좋든지 나쁘든지, 당신이 간절히 원하는 일은 언젠가는 반드시 현실로 나타난다.

그 사실을 알아가는 것이 바로 인생의 진리를 깨닫는 일이다.

주위의 사람은 당신의 거울

사람들 대부분 자신과 비슷한 사고방식을 가진 사람들과 어울린다.

당신은 지금, 누군가를 두려워하고 있지는 않은가?

누군가 때문에 초조해하고 있지는 않은가?

만약 그렇다면 그 원인은 당신의 마음 안에 있다.

친절한 사람과 친해지고 싶다면 당신이 먼저 친절해져야 한다. 정직한 사람과 친해지고 싶다면 당신이 먼저 정직해져야 한다.

타인에게 베푼 만큼 자신에게 돌아온다. 당신 주변에 있는 사람들은 당신을 비추는 거울이다.

'원인과 결과의 법칙'은 그 활동을 영원히 지속한다

는 단순한 진리를 결코 잊어서는 안 된다.

당신이 지금 행복하다면, 밝은 생각을 하고 있기 때문이다.

당신이 지금 불행하다면, 어두운 생각을 하고 있기 때문이다.

눈앞의 일에 집중하라

인생의 큰 목표를 발견하지 못한 사람은, 눈앞에 있는 '해야만 하는 일'에 완벽하게 완수할 수 있도록 집중해야 한다.

어떤 작업이든 상관없다. 자신이 지금 해야만 하는 일을 최고로 잘 해낼 수 있게 노력해야 한다.

그렇게 하면 마음을 다스리는 능력과 집중력을 확실하게 익힐 수 있다. 그 능력을 충분히 익힌다면 당신은 어떤 목표라 해도 달성할 수 있다.

또 아무리 큰 목표라 해도 부담스럽게 보이지 않을 것이다.

아무리 약한 사람이라도 자신의 나약함을 알고, '강인함은 훈련에 의해서만 얻을 수 있다.'라는 사실을 믿게 되면 강해지기 위해 노력할 수 있다.

이렇게 노력하는 과정에서 인내심을 키우고 스스로 발전하면서, 훌륭하고 강인한 인간으로 성장한다.

나약한 마음을 가진 사람도 올바르고 강인한 생각을 의식적으로 계속하다 보면 마음을 강화시킬 수 있다.

나약함을 버리고 목표에 의식을 집중하라.

실패는 성공으로 향하는 통과점이라고 생각하는 사람, 어떤 상황도 긍정적으로 바꿀 수 있는 사람, 강인하게 생각하고, 용감하게 행동하고, 가치 있는 일을 멋지게 이루어 내는 사람이 된다면 그런 사람들과 친구가 될 것이다.

운이 좋은 사람도 많은 노력이 필요하다

대부분의 사람들은 표면에 나타난 '결과'에만 시선을 빼앗긴 채 그 배후에 존재하는 '원인'을 보려고 하지 않는다.

그래서 결국 성공, 행운, 운명 혹은 우연과 같은 말

로 결말을 내버리곤 한다.

훌륭한 업적을 세우고 항상 주위에 큰 영향을 끼치는 사람들을 가리켜 주변에서는 이렇게 말한다.

"저 사람은 운이 좋은 거야.""집안이 좋으니까 당연한 거지!"

더 나은 삶을 꿈꾸며 그들이 흘려온 '피와 땀 그리고 눈물'에는 결코 시선을 돌리지 않는다.

하지만 그들은 강한 신념을 가지고, 많은 희생을 하면서 끈질기게 노력한 사람들이다. 그들은 이상을 실현하기 위해 노력하며 많은 난관을 극복했다.

그러나 대부분의 사람은 그런 '어두운' 부분에는 관심조차 두지 않는다. 그들은 단지 '빛'만을 보고 있을 뿐이다.

길고 힘든 여행의 과정에는 눈길도 주지 않고, 기쁨이 가득한 결과만을 바라보며 행운이라는 한 마디로 결론을 내고 있다.

실제 현실 세계는 특별히 혹독하거나 잔혹하지도 않을뿐더러 친절하지도 부드럽지도 않다. 그것이 공정한 '자연법칙'이다.

물론 인생을 살면서 가혹하다고 생각되는 상황이

나 괴로운 일들은 종종 일어난다. 그러나 그렇다고 하더라도 마음에 고통이나 괴로움을 짊어지는 것이 당연한 것은 아니다. 현실 속에서 경험하는 혹독함이나 고통은, 성장하기 위한 과정에 지나지 않다. 인생에 있어서 괴로운 경험은 최종적으로 지식의 과실을 보다 풍부하게 열매 맺게 한다. 경험이나 지식이 없으면 불안이 엄습한다.

그러나 이러한 불안은 새로운 기쁨이 넘치는 평화로운 아침을 맞이하기 위한 준비 단계이다.

사람은 눈에 보이지 않는 정신적인 힘을 가지고 있다. 자기의 내면에 숨어 있는 정신과 협조하도록 의식을 가지고 자신을 컨트롤하여, 조정해가는 것이 스스로 운명을 사는 것이다. 인간은 미래의 자신을 살리는 삶을 살아야 비로소 고생이나 아픔을 느끼지 않고 행복을 느낄 수가 있다. 그리고 보다 나은 삶을 위해 모든 것을 현실로부터 받아들여 마음으로부터 인생을 즐길 수 있다.

그렇다면 이러한 시대에 정말 필요한 것은 무엇일까? 이런 경쟁 사회에서 병든 마음이 진정으로 원하는 것은 무엇일까?

그것은 현명한 삶의 지혜를 습득하여 정신적으로 성숙해지는 것이다. 마음속으로 간절히 원하는 곳에 영혼이 진실로 원하는 것이 있다. 마음을 움직이게 하는 힘이 강력하게 작용한다. 그런 힘과 함께 인내심을 가지면 모든 불행도 극복할 수 있다.

경쟁하지 않으면 아무것도 얻을 수 없다고 생각하는 사람이라면, 그 순간부터 다른 사람들과 경쟁하게 된다. 그러다 자신이 심각한 위기에 처했을 때, 크게 낙담하여 허무함이나 아픔으로 비통해 한다.

경쟁이라는 투쟁의 결말로, 자기 자신의 아픔이나 슬픔을 초래했다는 것을 깨달은 사람은 그때까지와는 다른 좀더 다른 삶을 살려고 다짐한다. 그런 것을 깨달은 사람만이 진정한 기쁨과 행복의 문을 열 수 있다.

당신이 진정한 행복을 추구하려면 무엇이 행복의 실현을 방해하고 있는지 근본적인 것을 알 필요가 있다.

투쟁의 본질, 경쟁이 초래할 영향, 왠지 모르는 불안이나 공포의 근원 등등. 그러한 것을 잘 이해하지 못하고 스스로 잘못을 파악할 수 없다. 또한 행복을 위해 무엇을 구축해나가면 좋을지도 알지 못한다. 게 다가 그런 상태에서는 정신적인 진보도 바랄 수 없다. 현실 속에서 무한한 우주를 보려면 눈에 보이는 세계에 사로잡혀 경험해 온 한계나 표면적인 결과를 넘어 본질을 알아야 한다.

인간이라면 항상 스스로에게 끊임없이 질문한다. 모든 사람의 인생은 이리도 복잡한 것일까? 이 세계는 왜 나에게만 불공평할까?

당신은 이기적인 경쟁 사회에 뛰어들어, 힘든 경험을 해왔는지도 모른다. 이미 현실의 냉혹함에 지쳐 있을지도 모른다. 그러나 그 모든 경험은 올바로 살아가기 위해 꼭 필요했던 것이다.

마음 깊은 곳에서부터 행복해지기를 간절히 원한다면, 삶의 이해할 수 없는 부분을 나와 함께 명쾌하게 풀어보자. 평화와 사랑으로 가득 찬 세계가 있음을 반드시 깨닫게 될 것이다.

나를 바꾸면 주위가 변한다

이 세상에는 수많은 고뇌가 존재한다. 그것은 이 세상이 지금 우리의 사랑과 배려를 필요로 하고 있다는 것을 의미한다.

우리가 이 세상에 줄 수 있는 가장 가치 있는 것은, 활력으로 가득 찬 아름다운 인격이다. 만약 그것이 없어진다면, 다른 모든 것은 그 빛을 잃어버릴지도 모른다.

고상하고 아름다운 인격은 매우 소중하다. 그것은 어떤 것에도 부서지지 않고 기쁨과 행복으로 충만한 내면을 가지고 있다.

나쁜 일을 한탄하는 것은 이젠 그만두자.

타인이 잘못한 일에 대해서 불평하거나 사람들과 다투는 일은 그만두고, 그리고 자신이 저지른 실수와 자신의 단점을 없애기 위해 노력하자.

타인이 정직해지길 바란다면 우선 당신이 먼저 정직해져야 한다.

이 세상을 고뇌에서 해방시키고 싶다면, 우선 당신 스스로 그것에서 해방되어야 한다.

당신의 가정과 환경을 행복하게 만들고 싶다면, 우선 당신이 행복해져야 한다. 당신이 스스로 변한다면 당신 주위의 많은 것들도 변하게 된다.

당신의 인생에는 그 어떤 우연도 존재하지 않는다.

인생에서 일어나는 좋은 일도 나쁜 일도 모두 당신의 마음에 달려 있다. 각자에게 주어진 환경은 내면에 있는 눈에 보이지 않는 원인의 결과임에 틀림없다. 스스로 환경과 인생을 만들어 가야 한다.

결국 당신의 내면이 당신의 인생을 만든다.

불행의 원인은 당신으로부터 시작된다

이 세상에 존재하는 많은 불행의 원인이 이기적인 생각과 행동에 있다는 것을 인정하는 사람은 많다. 그러나 그들은 그 이유가 '다른 누군가의' 이기적인 행동 때문이라는 망상에 사로잡혀 있다.

당신이 불행한 원인을 '당신의' 이기적인 행동 때문이라고 인정한다면, 지금 당신은 낙원으로 향하는 문에서 그리 멀지 않은 곳을 걷고 있는 셈이다.

하지만 자신에게서 행복을 빼앗아 가는 것이 '다른 누군가의' 이기적인 행동 때문이라고 믿고 있는 한, 당신은 스스로 만든 인생의 감옥 안에서 평생 머물러야 할지도 모른다.

행복은 내면이 완벽하게 만족하고 있는 상태다. 내

면에서 느껴지는 깊은 기쁨이다. 그 상태에서는 어떤 욕망도 존재하지 않는다.

욕망을 채움으로써 얻는 만족은 일시적인 기쁨이며, 그 후로도 계속해서 더 큰 만족을 바라는 욕구가 생길지도 모른다.

그렇기에 욕망을 버린다면 진정한 성공과 풍요로움, 그리고 행복으로 가득한 천국을 얻게 될 것이다.

결코 인생에 우연이 존재할 수 없다

사람은 마음에 품은 무언가를 자신에게 끌어당긴다.

자신이 정말로 사랑하는 것, 그리고 두려워하는 것도 끌어당긴다.

그리고 그것은 환경을 통해 우리에게 다가온다.

이 방대한 우주에는 절대적인 법칙이 있다.

인간은 우주의 일부다.

그러므로 당신의 인생도 우주의 법칙에 지배를 받는다. 그것은 '원인과 결과의 법칙' 혹은 '정의의 법칙'으로 알려져 있다. 당신도 그 법칙에 따라 항상 있어야 할 장소에 있는 것이다.

우리가 지금까지 생각해 온 일이 우리를 현재의 환경으로 안내한 것이므로 인생에서 우연은 결코 존재하지 않는다.

지금 당신은 자신이 지금까지 생각해 온 일의 결과로 좋든 싫든 간에 자신에게 가장 잘 어울리는 환경에서 살고 있다.

현명한 사람은 자신의 마음을 잘 다스린다

성공한 사람은 존경받는 사람이 되기 위해 노력한다. 타인을 존중하고 자신을 소중히 여긴다. 타인을 배려하면서도 자신의 길을 선택하고, 두려워하지 말고 당당히 앞으로 나아가야 한다.

현명한 사람이 진정으로 성공한 사람이다. 그들은 더할 나위 없이 상냥하고 확신에 찬 따뜻한 감성과 냉철한 이성을 가졌다.

진정으로 현명한 사람은 자신이 옳다고 믿는 일에 다른 사람의 존중을 이끌어 내는 사람이다.

그렇기에 당신은 양심의 목소리에 따라야 한다. 그리고 많은 사람에게 경의를 표해야 한다. 많은 사람이 당신이 아닌 다른 것을 믿는다 해도 당신은 그들을 존중해야 한다. 현명한 사람은 스스로 마음을 잘 다스리지만 어리석은 사람은 자신의 마음에 지배당한다.

그것이 현명한 사람과 어리석은 사람의 가장 큰 차이점이다.

현명한 사람은 자신이 어떻게 생각해야 하는지 알고 있기 때문에 어떤 일에도 마음이 흔들리지 않는다.

그러나 어리석은 사람은 곳곳에서 발생하는 사건에 마음이 흔들려 고통스러워 한다. 고통스러운 삶을 살지 않으려면 마음을 잘 다스려 이기적인 생각을 버려야 한다.

일반적으로 어리석다고 여겨지는 이기적인 생각은 인간을 실패와 불행으로 이끈다. 이기적인 생각은 곧 잘못된 생각이다. 그것은 기도나 봉사를 한다고 해도 결코 사라지지 않는다.

'잘못된 생각'을 없앨 수 있는 유일한 방법은 바로 '올바른 생각'을 하는 것이다. '올바른 생각'은 당신에게 진정한 성공과 안식을 가져다준다. 올바른 생각이 올바른 행동으로 이끌고, 올바른 인생을 살아가게 한다.

사람은 자신을 바로잡음으로써
인생의 진리를 깨닫게 된다

올바른 질서가 이 넓은 우주를 지배한다. 인간은 우주의 일부다. 그러므로 당연히 우주 질서의 지배를 받게 된다.

사람은 자신을 바로잡음으로써, 인생의 진리를 깨닫게 된다. 당신이 주위 사람들에게 친절을 베푼다면 그들 역시 당신에게 친절을 베풀 것이다.

우리는 사고방식을 바꾸면 우리의 주변이 변한다는 사실을 깨닫고 놀라게 된다. 과거를 돌이켜보면 그때까지 자신이 체험한 모든 것이, 늘 자신의 마음속을 그대로 비추고 있었다는 것을 깨닫게 된다.

'무슨 일을 해도 잘 풀리지 않는 것은 당신이 지나치게 좋은 사람이기 때문이다'라는 말에는 귀 기울이지 말아야 한다.

올바르지 않은 사고방식을 버리지 않는 한 그런 말은 아무런 의미가 없다.

인간은 좋은 생각을 하기도 하고, 나쁜 생각을 하기도 한다.

그렇기 때문에 좋은 결과를 얻을 수도 있고, 나쁜 결과를 얻을 수도 있다. 좋은 생각만 한다면, 항상 좋은 결과를 얻게 된다.

좋은 생각은 결코 나쁜 결과를 불러오지 않는다.
나쁜 생각은 결코 좋은 결과를 불러올 수 없다.

밀의 씨앗을 뿌리면 밀이 자란다. 그러나 씨앗을 뿌리지 않으면 아무것도 자라지 않는다.

좋은 생각은 좋은 결과를 만들고 나쁜 생각은 나쁜 결과를 만든다.

누구나 자연법칙을 잘 알고 있다. 그러나 우리의 인생에도 이 법칙이 그대로 적용된다는 사실을 아는 사람은 그리 많지 않다. 그래서 대부분의 사람이 이 법칙을 무시한 채 살아간다.

인간의 약한 모습과 강인함

'인간은 약한 생물이다'라고 말하는 사람에게 나는 이렇게 말해주고 싶다.

빈센트 반 고흐, 〈봄의 센 강둑〉

"인간은 강한 생물이다."

인간은 강인하게 태어났으며 영원히 강인한 모습을 그대로 간직한다.

인간이 나약하게 보여도, 자신의 인생을 지배하고 있는 '정의의 법칙', 즉 '원인과 결과의 법칙'에 맞서며 살고 있기 때문에 강인하다고 볼 수 있다.

만약 인간이 약하다면, '원인과 결과의 법칙'에 맞서는 일은 불가능하다. 약함이란 원래 잘못 생겨난 에너지임에는 틀림없다.

무슨 일을 해도 잘 풀리지 않는 사람, 자신감이 없는 사람, 겁이 많은 사람도 실은 강인한 사람이다. 그들은 단지, 인생의 진리를 모르기 때문에 자신의 강인함을 잘못된 방향으로 이끌어 가고 있을뿐이다.

열악한 환경은 인생의 배움터

이 세상에는 선천적으로 병에 걸려 고생하는 사람이 많다. 그 이유도 '인과의 법칙' 때문이다. 곤란한 말이지만 사실이다.

그 '원인'은 전생에 있다. 전생에서 어떤 행위를 한

결과가 그런 형태로 나타나는 것이다. 그러나 포기하면 안 된다.

장애는 발전의 기폭제 역할을 할 뿐이다. 사람은 힘든 상황에서 배우면 더 많은 것을 더 빨리 배울 수 있다. 현재의 생애에서 많은 것을 배울수록 우리의 다음 생은 더욱 풍요로운 환경이 될 것이다.

선천성 질병에 걸렸다 해도 지금은 비록 힘들겠지만 희망을 가지고 살아야 한다. 어떤 병도 마음가짐에 따라 확실히 좋은 방향으로 향한다는 사실을 기억하자.

비록 몸은 자유롭지 않더라도 사람은 마음가짐 하나로 얼마든지 행복하게 살아갈 수 있다. 그것을 실제로 증명하는 사람들이 이 세상에 많다는 사실을 기억하자.

자신을 다스리지 못하면, 높은 지위에 오를 수 없다

자신을 올바르게 다스리지 못하는 한, 책임이 따르는 높은 지위에는 결코 오를 수 없다. 냉정하게 판단을 내릴 수도, 책임 있는 행동을 할 수도 없기 때문이다.

기쁨을 주는 진정한 성공은 자신을 올바로 다스릴 때 얻을 수 있다. 그렇지 않으면 오랜 시간이 흘러도 진정한 성공을 이룰 수 없다.

성공은 자신의 목표를 달성하고자 굳게 결심하고, 이기적인 생각과 변덕스러운 감정을 버릴 수 있을 때 달성할 수 있다. 따라서 늘 명확한 목표를 가지고 그 것을 달성하기 위해 집중해야 한다. 그리고 항상 새로운 마음가짐을 가질 수 있도록 노력해야 한다.

당신의 마음이 높아질수록, 당신은 더욱 크게 성공할 수 있고 그 성공을 오랫동안 지속시킬 수 있다.

표면적으로 어떻게 보이든 탐욕스러운 사람, 정직하지 못한 사람, 부도덕한 사람에게는 아무도 도움의 손길을 내밀지 않는다.

그러나 신중한 사람, 정직한 사람, 고상한 사람에게는 항상 누군가가 도움의 손길을 내민다.

과거의 위인들이 정확하게 그 사실을 알려주고 있다.

자신의 마음을 항상 올바르게 다스리면 미래의 성공이나 실패에 대해 신경 쓰지 않아도 된다.

당신에게는 늘 성공만이 찾아올 것이다. 올바른 생각을 바탕으로 행동을 한다면 지금 실패한다고 해도 곧 다시 일어나 미래에는 더 큰 도약을 할 수 있을 것이다. 결과에 너무 집착하기보다 평온하고 즐거운 마음으로 자신의 임무를 성실히 이행하면 된다.

올바른 생각으로 부단히 노력한다면 반드시 언젠가는 좋은 결과를 가져온다는 사실을 잊지 말자.

욕망을
희생하지 않으면
성공할 수 없다

사업이나 학문적으로 성공을 하더라도, 모든 성공은 성실하고 끈질기게 노력한 결과다. 어떤 것이든 똑같은 법칙에 따라 우리 앞에 모습을 드러낸다.

성공의 차이는 그 대상이 다르다는 점이다.

성공을 얻지 못하는 사람은, 자신을 다스리려고 하지 않기 때문이다. 만약 성공하기를 바란다면, 자신의 욕망, 이기적인 생각, 변덕스러운 감정을 다스리기 위해 끊임없이 노력해야 한다.

이 작업을 '자기희생'이라고도 부르는데 이것을 '자신을 없애 버리는 행위'라고 해석하는 것은 분명 잘못된 것이다.

자기희생이란 원래, 마음속에 있는 나쁜 것을 없애고 좋은 것을 채우는 등 스스로 모든 능력을 향상시키기 위해 노력하는 작업이다. 그것은 기쁨에 가득찬, 매우 건설적인 행위다. 희생이 클수록 큰 성공을 거둘 수 있다.

부자가 되려면 그 목표를 달성하기 위해 자신의 이기적인 생각이나 욕망을 희생하지 않으면 안 된다.

완벽하고 아름다운 인생을 손에 넣고 싶다면 끊임없이 노력해야 한다. 성공을 손에 쥐고서도 또다시 마음속에 나쁜 것을 채워, 한순간에 나약함 속으로 전락하는 일도 있다.

성공을 유지하기 위해서는 반드시 경계해야 한다. 큰 목표를 하나 달성하자마자 느슨해져서 눈 깜짝할 사이에 낙오자의 무리 속으로 밀려난 사람들을, 당신도 분명 많이 보았을 것이다.

자신의 마음을 다스리는 일은 '내 마음은 더 이상 나쁜 것을 받아들일 수 없다'라고 말할 수 있는 수준에 도달할 때까지 계속해야 하는 작업이다.

지금보다 더 나은 삶을 원한다면

지금 자신의 처지에 불만을 가지고 있다면, 우선 가장 먼저 해야 할 일은 마음을 바꾸고, 주어진 자신의 임무를 성실하게 처리하는 것이다.

그런 다음 자신의 미래에 희망을 품고 새로운 가능성이 다가올 때까지 노력하며 기다려야 한다.

그렇게 하면, 언젠가 좋은 기회가 찾아왔을 때 재빨리 붙잡을 수 있다.

지금 어떤 일에 매달리고 있다면 당신의 능력을 전부 그것에 쏟아야 한다. 성실하게 일하면서 자신의 능력을 더욱 효과적으로 집중해서 발휘하는 비결을 익히면 좋다.

작은 일을 완벽하게 처리하면 더 큰 일이 당신을 기다리고 있다. 착실하게 앞으로 계속 나아가고 있음을 항상 확인하라. 그러면 당신 인생에 후퇴란 결코 있을 수 없다.

자기의 커다란 잘못에 대하여 깊게 생각하지도 않고, 왜 다른 사람들의 작은 잘못을 이해하지 못할까?

어떻게 자신의 커다란 잘못은 깨닫지 못하고, 타인의 잘못을 지적할 수 있을까? 그런 사람은 자기 잘못에만 눈을 감는 위선자다.

위선자가 되고 싶지 않다면, 사람들에게 전한다든지 가르치려고 하지 말고 자기 자신을 위해 당신 스스로 실행하라. 타인에 대하여 판단하는 것보다 먼저 자기에게 엄격한 기준을 제시하면 싸움이나 투쟁에 빠지지 않는 방법을 알게 된다. 그러면 이기적인 경쟁과는 전혀 다른 삶을 영위할 수 있다. 타인이나 사회 전체에 대한 것을 생각할 수 있는 마음을 가지게 된다.

그렇게 할 수 있다면 당신 인생에 막혀 있던 어려운 문제들이 마법처럼 사라질 것이다.

한 사람 한 사람이 정신적으로 성장하면, 이 세상은 보다 아름답게 변할 것이다. 한 사람이 보다 나은 생활을 하면 주위 사람들에게도 전해지기 때문이다. 그리고 그 후로 계속 그런 사람들이 나타날 것이다. 보다 바르게 살아가는 것만으로도 어둠의 힘은 쇠퇴한다.

사람은 자기의 이기주의가 반영되는 환경 속에서 고뇌나 괴로움을 받는다. 싸움이나 전쟁을 하는 사람은 경쟁을 좋아하는 이기적인 사람들이다. 그러한 집단에서 그들은 각각의 행위에 고통을 당한다. 많은 사람이 일상의 생활을 위해 일에 쫓기고 있고, 한편으로는 이미 충분히 풍족한데도 더욱더 벌어들이려고 하는 사람들이 있다. 그것이 진실한 행복이나 인생의 즐거움을 스스로 빼앗고 있음을 자각하지 못한다.

모든 사람에게 골고루 나눌 만큼의 물건이 있는데도 남들보다 더 많이 갖기 위해 서로 싸운다. 어떻게 보면 사람이 동물보다 더 어리석다.

무지가 심하면 심할수록 이러한 일이 자주 일어난다. 지혜와 진실을 깨닫고 사사로운 이익과 욕심에 빠지지 않은 사람들의 눈에는 이러한 다툼이 무의미하게 보인다.

부유해도 가난해도 자기만 생각한다면 고통을 당할 수밖에 없다. 누구든 자기의 잘못으로부터 달아날 수는 없다.

부유하면 행복하다고 생각할지 모르겠지만, 돈이나 재산이 있으면 있는대로 그 사람 나름의 고민이 생긴다.

이기적인 수단으로 원하는 것을 획득한 사람은 그것을 잃지는 않을까 언제나 노심초사한다. 그리고 물욕이 너무 지나친 사람은 언제나 부족감에 시달린다. 이렇듯 무지한 어둠의 세계에 빠져 있으면 모든 것이 법칙에 따라 움직인다는 사실을 깨닫지 못한다. 영원히 생명을 유지하고 있는 법칙 같은 것은 이해할 리가 없다.

무지한 사람은 눈에는 형태에만 가치를 두고 그것을 행복의 조건이라 생각한다. 그래서 생활에 필요한 것을 획득하는 것이 최우선의 과제로 생각해 원하는 것은 다투더라도 빼앗지 않으면 안 된다고 여긴다.

그렇다면 사람에게 진정한 행복을 가져다주는 것은 무엇일까?

그것은 영원히 변하지 않는 정신적 요소인 성실, 신뢰, 정의, 헌신,

배려 그리고 사랑이다.

자, 이제 당신은 어떻게 살고 싶은가?

As a Man Thinketh

Part4.

자기관리

"인간은 분수와 같다.
분자는 자신의 실제이며 분모는 자신에 대한 평가이다.
분모가 클수록 분수는 작아진다"
— 레프 톨스토이

무분별한
감정은
불과 같다

불 속에 손을 집어넣으면 화상을 입는다는 것은 아주 단순한 법칙이다. 이 법칙은 우리의 마음속에도 적용된다.

증오, 분노, 질투, 불안, 선망, 욕심은 마음의 불이다. 그 불을 건드리면, 누구나 화상을 입는다. 그런 무분별한 감정은 '죄'라는 이름으로 불린다.

죄를 범하는 것은 '원인과 결과의 법칙', 즉 '정의의 법칙'을 무시한, 그에 맞서는 행위임에 틀림없다.

그런 감정은 마음에 혼란을 일으켜 결국 우리는 병, 실패, 불운, 슬픔, 절망이라는 '벌'을 받게 된다.

사랑과 선의와 평온함은 우리의 마음에 평화를 가져다주는 산들바람과 같다.

사랑과 선의와 평온함은 '정의의 법칙'과 조화를 이뤄 우리에게 건강, 평온한 환경, 성공, 행운이라는 상을 준다.

이것은 우리를 강인하게 만들어 주며 진정한 성공과 행복을 성취하기 위한 불변의 토대가 되어준다.

환경이 사람을 만드는 것이 아니다

환경의 변화와 마음의 변화는 항상 연결되어 있다.

우리가 마음의 불순물을 말끔히 제거하고 인간으로서 훌륭하게 성장할 때 환경도 풍요로운 변화를 꾀한다.

만약 당신이 지금 죄를 지었다면 그것은 당신의 이기적인 사고방식 때문이다.

맑고 순수한 마음을 가진 사람은 어떤 유혹이 다가와도 결코 죄를 짓지 않는다. 사람의 마음에 내재되어 있는 이기적인 생각이 어떤 계기로 인해 겉으로 드러났을 때 곳곳에서 범죄가 발생한다.

환경이 사람을 만드는 것이 아니다. 환경은 단지 우리가 어떤 사람인가를 알려줄 뿐이다.

탁한 영혼을 가진 사람은 그 생각으로 인해 자신의 소망을 실현할 수 없고 그러므로 진정한 행복을 느낄 수도 없다.

당신이 무언가를 간절히 원한다고 그것이 저절로 찾아오는 것은 아니다. 당신에게 어울리는 것만이 당신을 찾아온다.

만약 당신이 무언가를 얻었다면, 당신이 그걸 받을 만한 자격이 있기 때문이다.

많은 사람이 자신의 환경을 개선하기 위해 온갖 노력을 기울인다. 하지만 그들에게서 자신을 개선하려는 마음을 찾아볼 수는 없다. 그렇기 때문에 아무리 오랜 시간이 흘러도 그들은 자신이 처한 환경을 바꾸지 못한다.

태어나면서부터 마주하는 환경은 그 사람에게 어울리는 것이다. 만약 당신이 훌륭한 환경에서 태어났다면 당신에게는 그럴 만한 자격이 있기 때문이다.

안 좋은 결과를 맞이하는 이유

가치 있는 목표를 달성하려면 이기적인 생각이나 변덕스러운 감정, 욕망 등 많은 것을 희생해야 한다.

가난한 한 남자가 있다. 그는 자신의 환경을 모두 바꾸기 원한다. 그러나 보수가 적다는 핑계로 일을 게을리하고 회사를 속이기도 한다.

그는 인생이 풍요로워지는 진실한 방법이 무엇인지 이해하지 못했기 때문에 환경이 변한다 해도 가난한 생활을 벗어날 수 없다.

부유한 한 남자가 있다. 그는 폭음과 폭식으로 심각한 병에 걸렸다. 건강을 되찾으려고 아낌없이 돈을 쓰지만 자신의 욕구를 희생하려고 하지는 않는다.

그는 자신의 비정상적인 식욕을 채우면서 몸이 건강해지길 바란다. 건강해질 자격이 없는 사람이기 때문에 그는 절대로 건강을 되찾을 수 없다.

이처럼 두 남자의 이야기를 소개한 이유는 '아무리 좋은 결과를 마음속에 그려도, 그것을 얻을 만한 사람이 되지 못하면, 결국 나쁜 결과를 얻는다'라는 말을 전하고 싶기 때문이다.

생각을 계속 숨길 수는 없다

당신은 '나는 내 생각을 끝까지 숨길 수 있어'라고 착각할지도 모른다.

그러나 그것은 불가능하다. 당신의 생각은 당신의 행동과 더 나아가 환경을 통해 겉으로 드러나기 때문이다.

이기적인 생각은 독선적인 행동과 더 나아가 고민과 괴로움으로 얼룩진 불행한 환경으로 나타난다.

두려움은 사람을 불신하고 긴장과 불안으로 떨게 한다. 그리고 그것은 궁핍한 환경으로 드러난다.

증오는 가시 돋친 공격적인 행동과 싸움, 불안으로 얼룩진 환경으로 나타난다.

타인을 배려하는 마음은 친절하고 성의 있는 행동과 기쁨으로, 행복한 환경으로 그 모습을 드러낸다. 용기 있는 생각은 신념으로 가득 찬 행동과 자유롭고 풍요로운 환경으로 그 모습을 나타낸다. 사랑으로 가득한 생각은 상냥하고 유쾌한 행동과 더불어 평화로운 환경을 만든다.

마음을 다스리지 못하는 사람은
이미 죽은 삶이다

자신의 마음을 다스리지 못하는 사람은 짐승처럼 자신의 욕망대로 살아가기 때문에 제대로 살고 있다고 말할 수 없다.

자신의 마음을 다스리지 못하면 진정한 행복을 느끼지 못하고 단순한 쾌락만을 추구하게 된다. 이런 사람은 마음을 잘 다스리면 더 큰 행복을 얻을 수 있다는 사실을 깨닫지 못한다.

마음을 다스리는 일을 게을리하면 고뇌에 빠지게 된다. 마음을 다스리지 못하는 사람은 고뇌에서 벗어날 수 있는 방법을 알지 못한다. 자신의 삶에서 이성을 떼어놓으면 마음을 다스릴 수 없다.

그것은 죽은 삶이다.

그러나 마음을 잘 다스리면 새로운 삶을 살게 된다.

마음을 다스리지 못해 방황했던 기억은 잊고 이성과 지혜를 발휘하여 아름다운 삶을 만들어 가보자.

불평은 파멸로 이끈다

지금 당신은 '가난'이라는 쇠사슬에 묶여 어두운 인생의 그늘 속에서 끝없는 고독을 느끼고 있는가?

그리고 자신의 궁핍한 처지를 환경(출생, 부모, 고용주 등) 탓으로 돌리면서 '어떤 불합리한 힘이 일부 사람들에게는 풍요로움과 행복을 가져다주지만 내게는 가난과 고뇌만 주고 있을 뿐이다'라고 생각하며 늘 불평 속에서 살고 있지는 않은가?

만약 그렇다면 이제 그만 불평을 멈춰 보자.

불평은 당신을 파멸로 이끄는 무서운 함정일 뿐이다.

그 누구도, 그 무엇도 당신을 가난하게 만들지 않았다. 당신이 가난한 진짜 이유는 바로 당신 안에 있다.

당신 안에 있다는 말은 당신 스스로 그 문제를 해결할 수 있다는 뜻이다. 만약 당신이 계속 불평만 한다면 많은 것을 잃게 될지도 모른다.

결국 당신은 스스로 노력한 만큼만 얻을 수 있다. 자신의 인생을 바꾸려면 스스로를 변화시켜야 한다.

지금보다 더 나은 인생을 손에 넣으려면 스스로

그에 어울리는 인간이 되기 위해 끊임없이 노력해야 한다.

'인생의 법칙'이 존재한다는 사실을 깨닫고, 진심으로 그 법칙을 따르면 진정으로 가치 있는 인생을 살게 될 것이다.

법칙을 따르기로 결심한 순간부터 인간은 강해진다.

지금보다 더 나은 삶을 살기 위해서는 현재 당신이 처해 있는 환경을 탓하지 말고 스스로 성장하기 위해 노력해야 한다.

더더욱 가치 있는 삶을 살아가려면 자신의 숨은 능력과 가능성을 발견할 수 있도록 끊임없이 노력해야 한다.

뿌린 대로 거둔다

봄이 오면 농부들은 땅을 일구고 씨앗을 뿌리기 시작한다. 그들에게 "무엇을 수확하고 싶으세요?"라고 묻는다면 그들은 틀림없이 이렇게 대답할 것이다.

"무엇을 수확하고 싶냐고요? 이것이 무엇으로 보입니까? 당연히 밀 아니겠소! 밀을 뿌리면 밀을 수확하고, 보리를 뿌리면 보리밖에 수확할 수 없소."

자연은 우리에게 많은 것을 가르쳐 준다.

자연의 모든 법칙은, 우리의 인생에도 영향을 준다. 씨앗을 뿌리는 작업은 우리 인생에서도 이루어진다. 우리의 생각과 말, 행동이 우리가 뿌리는 씨앗이다. 그 씨앗은 그것과 똑같은 결과인 수확물로 되돌아온다.

당신의 마음을 미움과 증오로 채우면 타인에게 증오를 받게 된다. 그러나 사랑으로 마음을 채우면 사랑하는 사람들이 당신 곁으로 찾아올 것이다.

항상 정직하게 살아가는 사람의 주위에는 늘 정직한 친구들이 있지만, 그렇지 못한 사람의 곁에는 비슷한 사람들이 모여든다.

잘못된 행위를 계속하면서도, 신에게 은총을 바라는 사람은 누에콩을 뿌려 놓고 밀이 수확되기를 바라는 농부와 같다. 은혜를 받고 싶다면 선의를 베풀어야 한다. 행복해지고 싶다면, 타인의 행복도 생각해야 한다.

결국 인생은 뿌린 대로 수확한다.

실패를 두려워하지 않을 때
앞으로 더 나아갈 수 있다

목표를 손에 넣었다면, 그곳에 이르는 길을 마음속에 그려 보자. 옳은 길이 아닌 것에는 눈도 돌리지 말자.

불안한 마음이 생기지 않도록 꾸준히 노력해야 한다. 불안은 목표로 향하는 길을 차단하거나, 목표로 향하는 자신의 의지를 꺾어버리므로 노력의 효과를 저해한다. 불안은 항상 당신을 실패로 이끌 뿐 어떠한 성공에도 공헌하지 않는다. 마음속에 불안이 가득 차면 목표, 활력, 행동력 그리고 강인함이 그 기능을 상실하게 된다.

당신을 목표로 향하게 하는 힘은 '나는 그것을 달성할 수 있다'라는 의식에서 생겨난다. 불안을 계속 안고 있으면 스스로 앞으로 나아가는 것을 방해하는 것과 같다.

불안을 제거하는 가장 좋은 방법은 '원인과 결과의 법칙'을 깊이 신뢰하고 묵묵히 자기 일에 최선을 다해 하루하루 지내는 것이다. 그 이상 좋은 방법은 이 세상에 존재하지 않는다.

그렇게 하루하루 지내다 보면 실패를 두려워하지 않게 된다. 그리고 당신의 마음은 강력한 힘으로 넘쳐난다. 수많은 역경에 용감하게 맞서며 어떤 일도 극복할 수 있다.

이치에 맞는 다양한 목표는 채 익기도 전에 떨어지는 일 없이 계절이 찾아올 때마다 꽃을 피우고 튼튼한 과실로 성장할 것이다.

'정의의 법칙'과 더불어 살아간다면 당신은 그 어떤 역경에도 굴하지 않는 강인함을 손에 넣을 수 있다.

감정이 격해지면 능력은 쉽게 분산된다

무슨 일이 있을 때마다 격렬하게 감정을 표현하는 사람은, 결코 진정한 힘을 가진 사람이 아니다. 격렬한 감정은 무모하고 경솔한 에너지다.

겉으로는 멋있어 보일지도 모르지만 실은 당신의 능력을 분산시키는 나쁜 요인일 뿐이다. 격렬한 감정은 바다의 절벽을 덮치는 폭풍과 같다.

그러나 진정한 힘은 그 절벽과 같아서, 그런 하찮은 감정에는 꿈쩍도 하지 않는다. 정당한 목표를 가지고,

계속해서 그것을 달성하기 위해 노력해야 한다.

의욕적으로 배우면서 결코 포기하면 안 된다. 일에 관한 지식을 배우고 확실히 자기 것으로 만들어야 한다. 양심의 목소리에 귀를 기울이며 평온한 마음으로 앞으로 계속 나아가야 한다.

아무도 당신의 앞길을 막을 수는 없다. 당신은 계속 승리하게 될 것이다.

이기적인 생각이나 변덕스러운 감정을 떨쳐내고 목표를 향해서 열심히 앞으로 나아갈 때, '정의의 법칙'은 당신을 지켜준다.

당신은 해를 거듭할수록 더 큰 힘을 얻게 되고, 더욱 건강해질 것이다. 그리고 더 큰 성공을 얻게 될 것이다.

경쟁은 교활함을 낳는다

마음이 넓고 정직한 사람만이 진정한 풍요로움을 얻을 수 있다. 마음이 좁고 교활한 사람은 진정한 풍요로움을 알지 못한다. 풍요로움이란 외면이 아니라 내면에서 느끼는 것이기 때문이다.

욕심이 많은 사람은 억만장자가 될 수 있을지는 모르지만, 아무리 시간이 흘러도 그의 마음속은 가난한 모습 그대로 지속될 것이다. 자신보다 부유한 사람이 한 명이라도 존재한다면 자신의 풍요로움을 느낄 수 없기 때문이다.

마음이 넓고 정직한 사람은, 겉으로는 대단한 것이 없어 보여도 자신의 풍요로움을 확실하게 느낄 수 있다.

자신이 가지고 있는 것에 불만을 느낄 때, 인간은 가난해짐을 느낀다. 반대로 현재 가지고 있는 것에 만족한다면 비소로 풍요로워질 수 있다.

더욱 넓은 마음으로 자신이 가지고 있는 것을 타인에게 베풀 때, 당신은 더욱 풍요로워진다.

'정직한 자는 헛수고를 한다.'

이런 말은 지금 당장 잊어버려라. 그러려면 타인과 경쟁하려는 생각을 버려야 한다. 경쟁은 교활함을 낳는다. 교활한 생각은 인생에 혼란을 가져온다.

당신의 인생을 지배하는 '정의의 법칙'에 정면으로 맞서야 한다. 누군가 경쟁을 하자고 유혹해도 그런 것은 무시하라.

진정한 힘으로 가득 찬 인생의 승리자는 다른 사람

들이 아무리 경쟁을 하자고 유혹해도 그에 응하지 않고, 양심에 따라 자신이 해야 하는 일을 계속 한다. 그리고 경쟁을 걸어온 사람들을 가볍게 물리친다.

"먼저 일등이 된 다음에 타인의 일도 생각하라"고 세상의 많은 사람이 말을 해도 무시하라. 그것은 타인을 전혀 배려하지 않고 이기적으로 자신만을 생각하는 것과 같다.

그런 사람은 언젠가 주위에서 고립되고 말 것이다. 그때 그들이 자신의 고독이나 고뇌를 호소해도, 귀 기울여 들어주는 사람은 한 사람도 없을 것이다.

평온을 가진 사람은 어떤 일에서도
기쁨을 느낀다

인생에서 빛나는 승리를 거둘 수 있는 사람은, 마음을 항상 평온한 상태로 유지할 수 있는 사람뿐이다.

당신이 진정한 승리를 손에 넣고 싶다면, 단순히 평온해지는 것만으로는 충분하지 않다. 불변의 진정한 평온이 아니면 안 된다.

어떤 일이 일어나도, 또 무슨 말을 들어도 결코 동

요하지 않는 마음 상태. 그것이 진정한 평온이다.

평온은 끈질기게 자신을 올바르게 다스린 사람만이 얻을 수 있는 과실과도 같다. 그 때문에 진정으로 평온한 마음속에는 이기적인 생각은커녕 후회와 자책도 존재하지 않는다.

진정으로 평온한 사람은 후회하거나 자신을 탓하지 않는다. 진정한 평온을 가진 사람은 어떤 일에서도 기쁨을 느낀다.

그들은 대부분의 사람이 마지못해 하고 있는 일상의 의무적인 작업도 기쁜 마음으로 처리한다.

그렇다. 진정으로 평온한 마음속에서 '의무'라는 말은 '행복'과 같은 의미를 지니고 있다.

진정한 평온을 가진 사람에게 의무는 행복을 빼앗아 가는 것이 아니라, 행복을 가져다주는 것임에 틀림없다.

날마다 정해진 일이나 가사일을 포함한 '하지 않으면 안 되는 일'도 당신의 인생을 만들고 있는 중요한 요소이기 때문이다.

의무적인 작업도 당신의 성장을 돕기 위해서 존재하는 것이다. 그 일은 분명히, 다른 누군가에게 도움을 주어 모두에게 기쁨을 선사할 것이다. 자신의 마음을 꾸준히 올바르게 다스리다 보면 언젠가 모든 사물을 있는 그대로 바라볼 수 있게 된다.

그리고 모든 사물을 정확하게 있는 그대로 볼 수 있게 될 때 사람은 더할 나위 없이 평온한 마음을 손에 넣게 되고, 인생의 불행에서 해방될 것이다.

항상 평온한 마음을 유지하라

불가능한 많은 일을 가능하게 할 만큼 강력한 힘을 손에 넣고 싶은가?

그렇다면 먼저 평온함과 인내를 습득하라. 진정한 힘은 남에게 의지하지 않는 '자립'과 함부로 흔들리지 않는 '부동'에 바탕을 두고 있다.

힘을 손에 넣고 싶다면, 혼자서도 침착하게 설 수 있어야 한다. 산, 거대한 절벽, 우뚝 솟은 떡갈나무, 이 모든 것들이 자립한 부동의 모습으로 당신에게 힘이란 무엇인가를 말해주고 있다.

힘이 있는 사람은 주위 사람들이 허둥댈 때도, 평온하게 있을 수 있는 사람이다. 그리고 어떤 경우에도 자신의 마음을 확실하게 다스릴 수 있는 사람이다.

금방 감정적이 되는 사람, 겁이 많은 사람, 배려가 없는 사람, 성실하지 못한 사람은 자신과 똑같은 사람과 관계를 맺거나, 누구의 지지도 얻지 못한 채 낙오자의 길로 추락해 간다.

그러나 평온한 사람, 두려워하지 않는 사람, 배려하는 사람, 성실한 사람은 마음을 항상 조용하게 유지하고, 늘 많은 친구에게 둘러싸여 성공의 계단을 꾸준히 오른다.

현명한 사람은 평온한 마음으로
결과를 기다린다

여러 사업을 성공시키고, 훌륭한 친구도 많던 여성에게 지인 중 한 명이 이렇게 말했다.

"정말 당신은 행운을 타고났군요. 당신이 무언가를 원하면, 저절로 알아서 찾아오니까요."

타인의 눈에는 그렇게 보였다.

하지만 그녀는 사는 동안 쉬지 않고 노력해온 결과 그러한 축복을 얻을 수 있었다. 그녀는 목표를 세우기만 한 것이 아니라 정말로 열심히 일했다.

그리고 그녀의 내면에서 빛나던 무언가가 그녀의 눈동자와 표정, 몸짓과 목소리를 통해서 겉으로 드러났고, 그것은 많은 사람을 매료시켰다.

실천하지 않고 생각만 하면 낙담하게 된다. 성공은 평소의 노력으로 만들어지는 것이다.

어리석은 사람은 단지 바라기만 하고 불평을 계속하지만, 현명한 사람은 열심히 일하며 평온한 마음으로 결과를 기다린다.

마음이 강한 사람이 진정한 승리자다

인생의 승리자가 되기 위해서는 강한 정신력이 있어야 한다. 그러나 유감스럽게도 강한 정신력을 잘못 해석하고 있는 사람이 많다.

그들은 친절함, 고상함, 인내라는 강한 정신력을 품고 있는 마음이 실은 매우 나약한 것이라고 착각하고 있다.

마음이 강한 사람만이 강한 정신력을 키울 수 있다.

친절하고 인내심이 많은 사람이 실은 아주 강한 사

람이다. 강한 마음은 감정 에너지로서 당신의 내면에 모습을 나타낸다. 그것을 방치해두면 당신에게서 인간다움을 빼앗아 버릴지도 모른다.

그러나 그 에너지는 올바르게 다스리기만 하면 인생에서 승리하기 위해 필요한 진정한 강인함을 당신에게 안겨줄 것이다.

당신의 내면에 사는 그 난폭한 성질을 잘 길들이고, 다스려야 한다. 스스로 자기의 감정의 지배자가 되지 않으면 안 된다.

사람은 자신의 내면에 존재하는 난폭한 성질로부터 지배당할 때 약한 상태에 놓이게 된다. 감정이 당신의 지배자가 되어서는 안 된다.

감정은 어디까지나 당신이 지배해야 한다. 당신이 그 에너지를 올바르게 다스린다면 그것은 당신에게 충실하게 봉사할 것이다. 이기적인 생각은 그만하자.

그것이야말로 감정의 폭주를 억누르는 유일한 수단이다.

그렇게 하면 당신은 자신의 힘을 낭비하는 일 없이, 의미 있는 활동에 집중할 수 있다.

행복한 인생을 위해서 목표를 설정하라

훌륭한 인생을 살아가기 위해서는 에너지가 필요하다. 현명한 사람들은 이용 가능한 에너지가 무한하지 않다는 것을 알고 있기 때문에 그것을 효과적으로 사용하기 위해서 항상 노력한다.

하지만 그다지 현명하지 않은 사람들은 품위 없는 쾌락에 몸을 맡기고, 타인을 증오하거나 감정을 폭발하거나 무의미한 언쟁을 하거나, 쓸데없는 참견을 하면서 귀중한 에너지를 낭비하고 있다.

그들은 자신의 에너지를 능률적으로 사용한 덕분에 훌륭한 인생을 사는 사람을 부러워하면서 이렇게 말한다.

"저 사람들은 얼마나 행운아인가!"

그들은 한숨을 쉬면서 의미 없이 에너지를 마구 낭비한다.

인생의 목표를 가지기 위해서 노력하라. 그리고 자신의 많은 능력을 사용하면서 자신의 일을 계속하라. 그렇게 목표를 향해 똑바로 걸어가야 한다.

타인을 부러워하거나, 매도하거나 불필요한 말참견

피에르 오귀스트 르누아르, 〈책 읽는 소녀〉

을 하면서 곁길로 빠지지 말아야 한다. 일상의 행동을 통해 자신이 설정한 인생의 목표로 향하도록 노력하라.

당신의 마음이 올바르게 기능하고 있는 한, 그 행동이 잘못되는 일은 결코 없다. 물론, 때로는 좌절을 맛보는 일도 있다.

그러나 올바른 목표를 향해 있다면 당신은 다시 일어설 것이고, 그것을 기회로 더 현명하고 더 강한 인간으로 성장하게 된다.

이처럼 목표를 달성하기 위해 노력하고 집중해서 자신이 해야 할 일을 계속하면 언젠가는 인생이란 것이 단순하고 행복하다는 사실을 깨닫게 될 것이다.

평온할 때 더 큰 성공이 찾아온다

사람은 평온해질수록 더 큰 성공, 더 큰 영향력, 더 큰 권위를 손에 넣을 수 있다. 평온함을 얻으면 사업도 번창한다.

사람은 평온해질수록 올바른 판단을 내릴 확률이 높아지기 때문이다. 사람들은 대부분 평온하고 냉정한 사람 옆에 있고 싶다고 생각한다.

자신의 마음을 잘 다스릴 줄 아는 사람은 평온하고 강한 마음을 얻게 된다. 사람들은 평온한 사람을 접하면, 그 사람의 강인함을 자연스럽게 알게 되면서 의지할 수 있는 사람이라고 느끼게 된다.

평온한 마음은, 끊임없이 자신을 잘 다스리면서 계속 노력하는 사람만이 손에 넣을 수 있는 아주 현명한 지혜다.

끊임없이 자신의 마음을 다스리면 자신의 마음 상대와 주위에서 일어나는 사건이 밀접하게 연결되어 있음을 깨닫고, 그 결과 주위에서 발생하는 사건 전부를 원인과 결과의 관점에서, 정확하게 바라볼 수 있게 된다.

그렇게 되면 대체로 불평하거나 화를 내거나, 고민하거나, 슬퍼하는 일이 적어지고, 더 침착하고, 안정되고, 평온한 마음 상태를 유지할 수 있다.

자신을 잘 관찰하고, 자신의 인격에서 결점을 찾아 하나씩 없애기 위해 노력하라.

그런 노력을 계속하다 보면 자신의 결점을 보완할 수 있다. 그러다 보면 당신은 더더욱 평온해지고, 그 평온한 마음은 곧 당신의 인격으로 나타난다.

당신은 평온한 인간으로 성장하여 어떤 상황에서도 냉정함을 잃지 않고, 자신이 해야 할 일을 항상 완벽하게 해낼 수 있다.

평온한 마음은 당신의 많은 장점을 한층 더 빛나게 한다

누구나 평온한 사람을 좋아하고, 사랑한다. 그들은, 한여름의 더운 햇살을 막아주는 큰 나무와 같다. 폭풍을 막아주는 거대한 벽과도 같다.

그런 그들을 사랑하지 않을 사람이 있을까? 그들은 비가 내리는 날에도 어떤 일이 일어나도 항상 냉정하고, 온화하게 착하고, 든든하게 서 있다. '마음의 평화'라고 불리는 정신 상태에 이르는 것이 바로 인간의 궁극적인 목표다.

부를 추구하는 마음을 평온한 마음에 비추어 보면 얼마나 추한지 알 수 있다.

평온함은 당신의 많은 장점을 한층 더 빛나게 하는 눈부시게 아름다운 빛이다.

성자의 머리를 밝혀주는 후광처럼 평온함은 사람의 장점을 아름다운 빛으로 감싸 돋보이게 한다. 진정한 평온함은 마음을 올바르게 다스리는 사람만이 수확할 수 있는 아름다운 과실이다.

이기적인 생각이나 변덕스러운 감정을 하나씩 없애고 마음을 계속 단련하면서 진정한 평온함을 키워나가자.

마음이 평온하지 못한 사람은 나약한 사람이다

마음이 평온하지 못한 사람은 아무리 강한 척을 해도 실은 나약한 사람이다. 나쁜 일이 일어났을 때 바로 화를 내는 사람을 강하다고 말할 수 있을까?

그런 사람은 아무리 강한 척을 해도 본디 마음이 평온하지 못하기 때문에 사람들과 잘 어울리지 못한다.

평온한 마음은 강한 인내심으로 자신을 강화시킴으로써 나약한 자신을 극복할 수 있는 사람만이 가지는, 더할 나위 없이 축복받은 마음 상태다.

진짜로 평온한 사람은 그냥 존재하는 것만으로도 주위에 있는 나약한 사람들에게 자연스럽게 용기를 줄 수 있을 만큼 강한 사람이다.

평온한 마음은 더할 나위 없이 현명한 마음이다. 진정으로 현명한 사람은 언제나 평온함을 유지하고 항상 상냥하고 강하며 거짓말, 위선, 모욕 등을 당할 때도 결코 냉정함을 잃지 않는다.

나쁜 일에서도 분명 많은 것을 배울 수 있다

"인생은 나쁜 일의 연속이야"라고 말하는 사람을 자주 본다. 분명 '나쁜 일'은 이 세상 주변 곳곳에서 발생하고, 그것은 끊임없이 우리에게 고뇌와 슬픔을 준다.

'난 지금 절대로 벗어날 수 없는 나쁜 그물에 걸려서 꼼짝달싹 못 하게 되었다' 하고 느끼는 사람도 적지 않다.

나쁜 일에서 도망칠 길은 없는 것일까? 고뇌와 슬픔에서 멀어질 수 있는 방법은 실제로는 존재하지 않는 것일까? 영원한 행복과 풍요로움, 평화는 덧없는 꿈에 불과한 것일까?

아니다. 나쁜 일을 영원히 추방하는 방법은 틀림없

이 존재한다! 누구나 병, 가난, 그리고 그 밖의 모든 나쁜 일을 극복하고 오래도록 이어질 건강, 풍요로움, 행복을 손에 넣을 수 있다.

나쁜 모든 일은 '원인과 결과의 법칙'에 따라, 일어날 만하기 때문에 일어나는 것이다.

만약 당신에게 나쁜 일이 일어났다면 당신이 그럴 만한 사람이거나 그것으로부터 무언가를 배울 필요가 있기 때문이다.

나쁜 일을 통해 배울 때마다, 더 강하고 현명한 사람으로 성장할 수 있다.

당신의 마음속을 끊임없이 들여다보자. 그리고 왜 나쁜 일이 일어났는지, 그 일이 있기 전에 어떤 생각을 했었는지 곰곰이 살펴보자. 그러면 당신은 언젠가 내면에서 나쁜 일의 원인을 찾을 수 있게 될 것이다.

그 원인을 없애려고 노력할 때, 당신은 진정한 의미에서 무언가를 배우게 된다. 나쁜 일에서도 분명 많은 것을 배울 수 있다.

그러면 그것은 더 이상 나쁜 일이 아니다.

구스타프 클림트, 〈아터제 호수〉

나쁜 일도 좋은 일로 바꿀 수 있다

혹시 지금 '가난에서 벗어나고 싶다. 그러기 위해서는, 스스로 단련하지 않으면 안 된다'라고 생각하고 있는가?

어쩌면 그와 동시에, '생각할 시간도 공부할 시간도 많이 갖고 싶은데, 요즘 너무 무리하게 일만 하고 있다'고 느끼고 있을지도 모른다.

만약 그렇다면, 당신에게 주어진 자유로운 시간을 얼마나 효과적으로 사용하고 있는지 차분하게 생각해 보아야 한다.

자유로운 시간을 그냥 지루하게 보내고 있다면, 아무리 시간이 많아도 아무런 의미가 없다. 그렇게 하면 당신은 점점 게으름뱅이가 되어 갈 것이다.

자유로운 시간이 적고 가난하더라도 실제로 그것은 결코 '나쁜 일'이 아니다. 세상에서 말하는 나쁜 일도 결국은 모습만 다를 뿐, 좋은 일임에 틀림없다.

당신에게 일어나는 모든 일은 어떤 형태로든 당신 스스로 성장하는 것을 도와준다. 인내와 희망과 용기를 키우기 위해서 지금의 가난을 이용할 수 있다. 자유로운 시간이 적은 사람도 얼마든지 효과적으로 시간을 활용할 수 있다.

혹시 지금 '상사는 무리한 일만 시키고, 상냥함이라곤 전혀 찾아볼 수가 없어. 정말 형편없는 사람이야'라고 생각하고 있지는 않은가?

만약 그렇다면 그 상황도 자신의 마음을 잘 다스리고 강화할 수 있는 절호의 기회로 활용해야 한다.

그렇게 힘든 상황을 정반대의 상황으로 바꾸어 가는 것이다. 불친절한 상사에게는 계속해서 상냥함과 경의를 보여라.

당신의 모범적인 태도를 보고 상사는 자신이 잘못된 행위를 하고 있음을 간접적으로 깨닫게 될 것이다.

이것을 '좋은 일'이라고 부르지 않으면 도대체 무엇이라고 부르면 좋을까?

 제임스 앨런의 인생 조언

영혼을 가진 모든 사람이 계속 찾아 헤매는 것이 있다. 그것은 '자기의 영혼이 무엇을 추구하는가'라는 것이다.

사람은 영혼이 성장하는 과정으로 현실에 보이는 무엇인가를 이루려고 한다. 그러나 눈에 보이는 무언가를 손에 넣었다 하더라도 마음의 갈증을 치유할 수는 없다. 그것은 영혼이 추구하는 것과 다르기 때문이다.

표면적인 것에 마음을 빼앗긴 많은 사람이 행복하게 된다고 믿고 물질적인 풍요만을 얻으려고 노력한다. 그러나 그것은 얕은 지식에 불과하다. 눈에 보이지 않는 것을 추구하는 마음의 갈증을, 눈에 보이는 풍요함으로 채우려고 하는 것뿐이다.

자기의 영혼이 무엇을 추구하고 있는가?

이미 깨닫고 있는 사람도 있다. 또 만약 깨닫지 못한 사람도 추구하고 있을 수 있다.

누구나가 마음속 깊은 곳에서부터 필요로 하는 것, 그것은 바로 바른길이다. 한 사람 한 사람의 특별한 인생에 있어서 사람은 마음이 충족되어 살아가는 즐거움을 얻기를 바란다.

무엇으로 마음을 충족시켜, 희망을 무엇에 걸까 하는 문제는, 인생에 대한 지식의 깊이에 따라 다르다. 바른길을 추구하는 것은 이 세상의 진실을 찾아가는 여정이다. 그것을 찾아내려고 하는 사람은 그 과정에서 이 세상의 진실을 이해해 간다. 그리고 영혼을 충족시키는 기쁨을 어렵지 않게 발견할 수 있다.

진실을 모르면 영혼이 무엇을 추구하고 있는가에 대하여 언제까지라도 깨닫지 못한다.

사람이라면 누구나 순간의 쾌락에 빠져 단순한 행복감을 얻을 수도 있다. 단지 그러한 순간의 쾌락이 마음의 빛을 계속 밝혀주지는 못한다. 진실을 알려고 하지 않으면 스스로 괴로움에 빠지고 만다. 수많은 고통을 겪는 인생은 날이 갈수록 마음의 갈증이 커져만 간다. 그리고 그의 영혼은 잃어버린 것을 찾아 헤맨다. 잃어버린 것이란 사람의 마음에 변하지 않고 영원히 전승되어온 유산, 즉 바른길이 밝혀주는 영원한 진실이다.

물질적인 현실 세계의 것이라도, 눈에 보이지 않는 정신 세계의 것이라도, 사람은 바른길에 이끌린다. 그곳에 도달하면 그때까지 열망한 편안한 즐거움을 발견할 수 있다.

사람의 영혼은 정의나 양심과 같은 바른길에 있을 때만이 갈증으로 인해 괴로워하지 않고, 편안한 즐거움으로 충만하다. 영혼이 살아나가야 할 바른길은 진리가 영원한 기쁨의 원천이 되어 행복의 보고가 된다. 경쟁으로부터 멀어진 마음의 자세, 의식의 상태, 말로 표현하지 않아도 나타나는 깊은 지식. 그 속에서 당신의 영혼은 편안한 자기 자신과 만날 수 있다.

일상생활에서 일어나는 크고 작은 문제에도 바른길에 기초한 마음가짐을 가진 사람은 불안이나 혼란에 빠지지 않고, 평화롭게 살아갈 수 있다.

"대부분의 위대한 사람들은 그들의 가장 큰 실패를
한 단계 더 넘은 뒤에 가장 큰 성공을 이뤄냈다."
— 나폴레온 힐

As a Man Thinketh

Part5.

———

좋은 습관

좋은 습관은
더 나은 내일을
만든다

의지가 강한 사람은 스스로 정한 습관에 따라 생활한다. 일시적인 기분이나 충동에 휩싸이지 않으며, 자신을 제어해 나갈 수 있다.

사람은 감정대로 행동하는 것이 아니라, 나름대로 계획과 방침을 세워 실천하는 존재다.

'오늘은 이 옷을 입어야지.' '오늘 점심은 이걸 먹어야지.' '저 음식엔 이런 음료가 적당해.'

너무나도 사소한 부분이라 '그 정도는 다른 사람에게 맡겨도 되겠지'라고 생각하는 사람들이 의외로 많은데, 오히려 이런 작은 일부터 스스로 결정하는 습관을 들여야 한다.

이것은 제멋대로 살아가라는 의미가 아니다. 한 방향에만 집착하라는 이야기도 아니다.

일상에서 자신의 의지를 명확히 자각하여, 능동적으로 실행할 수 있는 정신력을 기르기 위한 교훈이다.

식사는 얼마나 먹을 것인가, 몇 시에 먹을 것인가, 몇 시에 자며 몇 시에 일어날까 등등.

반복되는 일상생활의 리듬을 주체적으로 정하고, 그에 따라 실천하면서, 자신의 행동을 올바르게 컨트롤할 수 있다.

먹고 싶은 욕구, 즐기고 싶은 욕구를 비롯한 동물적 욕구에만 충실하여, 아무런 의미 없이 생활하는 사람에게는 '이성적'이라는 말이 어울리지 않는다.

이성적인 사람은 자신의 의지로 합리적이고 타당한 규칙을 세워 행동하기 때문에 동물적 욕구는 자연스럽게 컨트롤할 수 있으며, 아무리 사소한 부분이라도 자신을 훈련시킨다는 마음으로 임한다.

'성인은 스스로 서약을 지키기 때문에 신성하다!'

스스로 결정한 일일수록 반드시 지켜야 한다. 자신이 세운 규율에 따라 살아가는 사람에게는 거뜬히 목표를 달성할 수 있는 강인한 의지가 있기 때문이다.

당신의 입을 단속하라

여섯 번째 규칙은 '말과 언어를 다스리는 것'이다.

늘 자신의 말투나 표현 방식에 주의를 기울여야 한다. 아차 하는 사이에 거친 표현을 내뱉거나 걸러지지 않은 분노와 불쾌감 등이 상대에게 전달되지 않도록 하자.

의지가 강한 사람은 생각 없이 말을 내뱉거나 경솔한 표현을 쓰지 않는다. 본인의 기분이나 마음을 전할 때는 최대한 신중히 단어를 선택하여 가장 세련되고 지적인 표현을 구사해야 한다.

지금까지 말한 모든 규칙을 확실히 깨우친다면, 자신의 마음을 다스리는 것은 저절로 해결될 것이다.

끈기를 가지고 규칙들을 실행한 사람은 그동안의 경험과 노력을 바탕으로 마음과 언행을 컨트롤하는 법을 익혔으며, 강인한 의지를 확고히 다져나갈 것이다.

비토리오 레지니니, 〈피아노를 연주하며 노래 부르는 남성과 놀라는 여성들〉

완전하다는 것

사소한 문제가 불완전의 씨앗이 된다.

'완전'이란 결점이나 부족함이 전혀 없는 상태를 말한다. 아주 사소한 부분도 놓치지 않고, 보잘것없는 것이라도 세상에서 가장 소중하게 다루는 것, 그것이 바로 '완전'이다.

인생을 살다 보면 별 의미 없이 흘려보낸 일이 의외로 중요한 의미를 담고 있는 경우가 있다.

우리 눈에 띄지 않는 작은 일들은 대부분의 사람이 이해하지 못하는 진실이거나 무시할 수 없는 중요한 일인데도 그대로 방치할 때가 많다.

아무리 작고 사소한 일이라도, 그 부분이 빠져 버린다면 '완전'하다고 할 수 없다.

불완전한 일, 불행한 인생 등 완전하다고 할 수 없는 것들을 살펴보면, 하나같이 아주 작고 사소한 부분이 빠진 것이다.

세계적으로 위대한 사건도, 각 인생의 아주 큰 사건도 가만히 들여다보면 작은 일들이 쌓이고 쌓여서 이루어졌다. 이제부터 그동안 대수롭지 않게 여겼던 일들을 다시 한번 돌아보길 바란다.

모든 존재의 '완전함'에 대한 의미를 이해한다면, 주변에 큰 영향력을 끼치면서 도움을 주는 사람이 될 수 있다.

완전함과 불완전함의 차이는 인생에서도 행복과 불행이라는 극적인 갈림길에 서게 만든다는 사실을 잊지 말자.

적자생존의 법칙

사람을 고용하여 사업을 하는 사람이라면 '완전'의 가치를 이해할 것이다. 맡은 일에 열심히 하고, 업무의 질을 중시하는 사람도 그 의미를 알 수 있다.

세상에는 자신의 기술을 충분히 발휘하거나 일의 가치를 즐기는 사람보다, 적당히 때우는 식으로 일하는 사람이 훨씬 많다.

요즘 세상에는 사회생활을 하면서 주의 깊고, 근면하게 완벽을 추구하는 것을 '특별한 미덕'으로 여기는 듯하다. 그런데 그나마도 사회가 다양하게 변화함에 따라 서서히 자취를 감추고 있다.

실업률이 점점 올라가는 사회 분위기 속에서 직장을 잃으면 새로운 일거리를 찾느라 정신없이 헤매야 하고, 아무런 소득도 없이 하루하루를 보내게 될지도 모르는데, 진지함이라곤 찾아볼 수 없이 대충 시간만 보내듯 일하는 사람들이 있다.

그런 사람들에게는 '적자생존'의 법칙이 잔인하게 느껴지겠지만, 지구상에서 이 법칙은 가장 공평하고 합리적인 생존 방식이다. 그리고 언제 어디서나 쉽게 확인할 수 있는 보편적 이론이기도 하다.

양심이나 정의를 역행하는 행위는 사람들로부터 외면당하고 결국엔 도태되고 만다. 그것이 공평하고 합리적이기 때문이다. 만약 적자생존 법칙이 아니라면 이 땅에 양심과 정의가 남아 있을 수 있을까?

불완전하고 나태한 자는, 공평하고 합리적인 사회일수록 수용되지 않으므로 살아남지 못한다.

한 아버지가 아들에게 이런 이야기를 들려주었다.

"앞으로 네가 커서 어떤 일을 하게 되든 온 마음과 정성을 다해야 해. 그렇게 하면 네 삶에 근심이나 걱정 따윈 없을 것이다. 세상의 많은 사람이 게으르고 나태하단다. 그러므로 네가 완전하고 성실하게 일한다면 언젠가 너는 반드시 누구에게나 필요한 사람이 될 거란다."

불완전의 원인은 마음속에 있다

기술 자격증을 따려고 몇 년 동안 밤잠을 설치고 코피를 쏟아가며 공부했는데도, 결국 실패의 쓴잔을 마시는 사람들이 있다.

그런 사람들에게 필요한 처방전은 특별한 기술이나 공부가 아니라, 진지하고 긍정적인 자세로 자신을 돌아보려고 하는 노력이다.

경솔하고 나태한 마음가짐이 기술과 능력 이전에 서투르고 거듭되는 실수로 이어져 버리기 때문이다.

그런데도 사람들은 자신에게는 기회가 오지 않는다고 한탄하거나, 힘든 일이 닥치면 모두 세상 탓이라며 불만을 내뱉는다.

자신이 불완전한 이유를 군이 주변에서 찾을 필요는 없다. 스스로 성실히 일하기를 거부했다거나, '멋지게 해내야지' 하는 성실한 자세와 자신이 만족할 때까지 파고드는 의지가 부족했기 때문이다. 마음 깊은 곳에 무조건 즐기기만 하겠다는 욕심이 가득했는지도 모른다.

오로지 일밖에 몰랐던 한 직장 여성이 그 능력을 인정받고는 중역의 자리에 올랐다. 그런데 승진하고 채 며칠도 안 되었는데 그녀는 여행 이야기만 하기 시작했다.

그러고 나서 한 달 후 그녀는 '직위에 적합하지 않다'는 이유로 권고사직을 당하고 만다. 현실에 안주하여 마음이 느슨해진 틈을 타 불운이 습격한 것이다.

한 장소에 두 가지 물건을 배치할 수 없듯, 온통 여행 생각뿐인 상태에서는 회사 업무에 집중할 수 없다.

'결코 여행에 대해 생각해서는 안 된다'는 이야기가 아니라 '일할 때는 오직 업무에만 집중하라'는 뜻이다.

몸은 회사 책상 앞에 있지만 마음은 이미 저 푸른 바닷가에 가 있다면, 정신이 분산되어 당연히 업무를 진행해 나갈 수 없다.

본인은 잠시 딴 생각을 했다지만 그 때문에 당신의 업무 태도나 능력이 '불완전'하다는 평가를 받는다면 이 얼마나 억울한 일인가.

어떤 경우라도 완전해야 한다

'완전'이라 함은 어떤 일을 완벽하게 완성하는 것을 가리킨다. 더 이상 추가해야 할 부분이나 따로 필요한 것이 전혀 없는 상태를 말한다.

누군가 당신 대신 일을 했는데 그 결과가 당신보다 훨씬 월등하다면, 그동안의 당신은 완전했다고 말할 수 없다. 완전함을 추구한다면 적어도 다른 사람과 같은 수준 정도는 유지해야 한다.

그러므로 눈앞에 닥친 일에 최선을 다할 것, 집중력을 키울 것, 인내할 것, 책임감을 가질 것 등 가슴 깊이 새겨두기를 바란다.

"반드시 해야 할 일은 반드시 하라. 그리고 최선을 다하라."

"스스로 할 수 있는 일은 당신 능력으로 해결하라."

어떤 일이든 불완전하게 끝내는 사람은 정신적으로도 불완전할 뿐만 아니라 자신을 성장시킬 수 없다. 목표를 달성하기 위한 강한 신념도 부족하므로 인생에서 좋은 성과를 거두지 못한다.

게으른 마음속에 강한 신념이 자랄 수 있을까?

어중간하고 불분명한 생각을 하는 사람은 업무를 해도, 여행을 가도 어중간하다. 무엇이든 대충 넘기는 것보다 전력을 다하는 것이 훨씬 바람직하다는 사실은 누구나 알고 있다.

높은 수준에 도전하여 불완전하게 끝내는 것보다 완전하게 이루는 것이 훨씬 가치 있는 일이다.

'완전'이란 인류가 존재한 이래 누구나 바라고 소망하는 것이다.

양심적으로 보이지만 불확실한 계획과 목표보다는 다소 제멋대로이긴 해도 분명하고 신념에 찬 목표가 훨씬 가치 있다.

'성실하긴 하지만 계속 어정쩡한 태도로 일관하기보다는, 막무가내이기는 해도 분명한 태도가 더 가치 있다!'고 느껴본 적 있는가?

완전을 추구하는 생각과 행동은 이해력과 자신의 능력을 성장시킨다. 더불어 긍정적인 자세로 자신의 삶을 충실하게 만든다.

인생의 구축 과정과 파괴 과정

자연이 만들어 낸 세계든, 인공적으로 만들어진 세계든 모든 세계에는 나름대로 구축 과정이 있다.

'구축'이란 조립해서 쌓아나간다는 뜻이다.

예를 들어 돌은 원자가 모이고 모여 만들어진 것이고, 식물이나 동물 그리고 인간은 세포로 이루어져 있으며 집은 벽돌과 시멘트로 지어졌다. 책은 문자가 모여 만들어진 것이고, 마을은 수많은 집과 건물로 이루어졌으며, 세계는 다양한 형태와 엄청난 종류의 물질과 생명체로 구성되어 있다.

그러나 구축이라는 용어가 단순히 물질세계에만 적용되는 것은 아니다.

예술과 과학, 국가의 여러 법률과 제도 등은 인간의 사고와 노력의 집합이며, 한 나라의 역사는 국민 각각의 행동이 쌓여서 생긴 것이다.

'구축 과정'은 '파괴 과정'과 함께 생각해야 한다.

소기의 목적을 달성한 물건이나 형태는, 일단 해체 과정을 거쳐야만 시대에 부합하는 새로운 모습으로 재창조될 수 있는데, 이것이 바로 '구축과 파괴'의 '상호 과정'이다.

인간도 생명이 다한 세포는 파괴되어 없어지고, 새로운 세포로 대체되어야 목숨을 유지할 수 있다.

업무에 있어서도 더 이상 조직에 도움이 되지 않을 때, 그리고 시대 변화에 부응하기 위해서는 구시대 유물을 과감히 청산하고 새로운 시스템을 도입함으로써 변화와 발전을 모색해 나가야 한다. 새로운 목적에는 그에 부합하는 새로운 해결 방법과 행동 양식이 필요하기 때문이다.

구축과 파괴의 상호 과정은 자연계에서는 '탄생과 죽음'이라는 형태로 나타나고, 비즈니스 세계에서는 '파괴와 재건'이라 불리고 있다.

사고의 벽돌 조각이 모여 마음을 구축한다

'구축'과 '파괴'의 '상호 과정'은 눈에 보이지 않는 무형의 세계에서도 작용한다.

인간의 몸은 세포로 구성되어 있다. 집이 벽돌과 시멘트로 지어지듯, 인간의 마음은 생각의 조각이 모여 구성된다.

사람들이 다양한 성격을 표출하는 이유는 변화무쌍한 생각의 집결체이기 때문이다.

　'인간은 본인이 생각하는 그대로의 인생을 살아간다'는 말처럼, 성격이란 인간 스스로의 생각과 사고 과정에서 형성된 고유의 성질이다.

　성격은 자신의 의지와 노력을 통해 바람직하지 않은 마음을 제거하고, 긍정적인 방향으로 되돌릴 수 있다. 그런 작업이 반복적으로 일어나면서 변화된 사고와 인식, 관점 및 주변에 반응하는 방법 등이 바로 성격의 일부가 되는 것이다.

　성격은 집을 개조하고 증축하듯 늘 새로운 생각과 습관을 받아들이면서 구축의 과정을 거친다.

　하나의 도시가 새로운 모습으로 구축되어 탈바꿈하려면 수십만 개의 벽돌을 비롯한 많은 재료가 필요한 것처럼, 마음이나 성격은 수많은 심적 요소(생각, 습관, 갈등 등)가 교차되고 자리바꿈을 하면서 형성된다.

"로마는 하루아침에 이루어지지 않았다."

　부처나 플라톤, 셰익스피어 같은 세계적 위인들이

한스 와츠카, 〈강변에서의 사랑〉

평범한 생각과 노력만으로 위대한 생애를 살 수 있었던 것은 아니다.

사람은 마음을 구축해 나가는 존재다. 스스로 의식하지 못해도, 인간은 끊임없이 무언가를 생각하고 고민한다. 그 하나하나가 생각의 벽돌이 되어 켜켜이 쌓이면서 '성격'이라는 커다란 건물을 구축해 간다.

마음을 만들어 가는 작업

사람들 대부분 자신의 마음을 만들어 가는 작업에 대해 무의식적으로 막연해 한다.

그렇기 때문에 작은 어려움에 부딪혀도 불안해 하거나 충동적인 감정에 휩쓸려 버리는 성격이 되어 버린다.

마음속에 불쾌한 생각과 이기적인 사고가 가득한 사람은 불량하고 지저분한 재질의 벽돌로 마음을 만들어 가기 때문에 미세한 충격이나 흔들림에도 무너질 수밖에 없다. 부실 공사 위험성이 있는 미완성의 집에서 그 누가 편안하고 안락하게 지낼 수 있을까.

올바르지 못한 쾌락을 추구한다거나 늘 실패만 떠올리는 부정적인 사고, 자기연민이나 자만심 같은, 정신적 건강을 해치는 생각과 스스로를 맥 빠지게 하는 생각으로는 견고한 마음의 집을 지을 수 없다.

순수하고 아름다운 생각만 하고, 늘 현명한 선택을 위해 최선을 다하는 사람은 단단하고 매끄러운 벽돌을 준비하여, 폭풍우가 몰아쳐도 끄떡없는 마음의 집을 지을 수 있다. 그 집의 주인은 아름답게 지어진 건물에서 쾌적하고 안락하게 지낼 수 있다. 그뿐만 아니라 질 나쁜 벽돌을 사용하는 사람보다 훨씬 신속하게 집을 짓는다.

무한한 자유로움과 해방감이 넘치는 생각, 강인한 확신과 책임감 넘치는 아름다운 생각만이 튼튼한 마음의 집을 만든다.

견고하고 순수한 마음으로 다시 태어나려면, 낡고 부정적인 습관은 과감히 떨쳐 버려야 한다.

내 혼이여,

좀 더 수려하고 아름다운 대저택을 짓자.

돌고 도는 계절이, 새 옷을 갈아입듯이.

내 마음을 새롭게 하라

사람은 자기 자신을 건축한다. 자신의 마음이 머무는 곳이 낡고 허름하다면, 어느 한순간 비가 새거나 바람에 날아갈지도 모른다.

당신의 생각은 바로 집을 짓는 자재이다. 견고하고 아름다운 집을 지으려면 나약한 생각은 책임감 넘치는 생각으로, 이기적이고 위선적인 생각은 솔직하고 순수한 생각으로 바꾸어 나가야 한다.

자재의 질이 떨어지면 결국 피해를 보는 것은 당신 자신일 뿐이다.

생활하기 불편한 집은 아무도 찾지 않으며, 설령 더 좋은 집을 지으려고 해도 누구 하나 도와주지 않는다.

그러므로 당신이 대저택을 짓고자 한다면, 처음부터 그 저택과 어울리는 자재를 선택하고 그에 합당한 건축 방법으로 시공해야 한다.

자신에 대한 책임감을 인식했다면, 진정한 장인정신을 가진 기술자처럼 자신을 새롭게 구축해 나갈 수 있을 것이다.

지속적으로 자신의 마음을 새롭게 구축해 나가다

보면, 당신은 사회에 나가서도 수많은 사람의 마음에 소중히 간직될 것이다.

가장 먼저 자기 자신을 위해 견고하고 멋진 대저택을 짓지만, 당신은 같은 괴로움을 겪고 있는 사람에게 더없이 고마운 협력자이며 든든한 후원자가 될 수 있다.

효율성이 높아 생산력이 뛰어난 공장을 잘 살펴보면, 정확하고 치밀한 생산 원리에 따라 운영된다는 사실을 알 수 있다.

행복과 성공을 누릴 수 있는 아름다운 인생이란 원칙적이면서도 확고부동한 지식을 적용했을 때 가능하다. 기본 원칙은 언제나 보편적이며 간단하고 분명하다.

아무리 거센 비바람이 몰아쳐도 끄떡없는 건물을 짓기 위해서는 다른 특별한 시공 방법이 아닌, 정방형이나 원형 같은 단순한 수학적 원리를 이용하면 된다.

원칙을 무시하면 건물이 채 자리도 잡기 전에 무너져 버리고 말 것이다.

인생을 만드는 네 가지 기본 원리

좋은 생각을 자재 삼아 견고한 마음의 집을 짓듯,

역경과 유혹의 회오리가 몰아쳐도 동요하지 않는 인생을 만들려면 가장 기본적인 원칙을 사수하고 도덕적 기준을 벗어나지 말아야 한다.

공정, 결백, 성실, 배려

이것이 바로 성공적인 인생을 가꾸어 나가는 도덕적 '기본 원리 네 가지'다.

이 원리들을 무시한 채 사실을 왜곡하거나 속임수를 쓰거나, 자기중심적인 행동만 고집한다면 성공과 행복은 얻을 수 없다.

수학적 원리를 무시하고는 울타리 하나 제대로 세울 수 없는 것과 마찬가지로 이 원칙들을 소홀히 하는 사람은 실패를 맛보게 된다.

물론 성실하지 않은데도 성공을 하고 돈을 긁어모으는 사람이 있다. 부정과 눈속임으로 밀어붙인 덕분에 엄청난 이익을 챙기는 사람도 많다.

그러나 돈이 많다고 해서 인생이 안정 궤도에 오르고 행복해지는 것은 아니다. 오히려 실패한 인생을 맞이하기 위한 준비가 착착 진행되고 있는 것인지도 모른다.

어딘가에서 하나가 꼬이기 시작하면 결국엔 실패의

쓴맛을 보게 되고, 사람들로부터 신용을 잃고 나쁜 평판이 퍼져나가 애써 모은 재물을 놓쳐버리고 만다.

그 무엇보다 두려운 일은 스스로 자신감을 잃고 깊은 나락으로 떨어져 고통 속에 산다는 것이다.

법칙은 삶을 통해 증명된다

이윤을 추구하는 비즈니스 업계에서도 행동이나 업무를 통해 스스로 마음을 다스릴 수 있는 사람은 성공 궤도에 계속 머물 것이다. 지구가 태양의 빛과 따스함을 받으며 존재하듯, 사람도 행복이라는 햇살과 따스한 온기를 누려야 살아갈 수 있다.

인생은 온 우주에 걸쳐 위력을 떨치는 거대한 자연법칙과 조화를 이룬다. 그 누구도 자연법칙을 바꾸거나 거부하지 못한다.

행복하고 풍성한 인생을 누리기 위한 기본 원리는 법칙을 따르고 있다. 인간은 그 원리에 충실함으로써 인생의 모든 부분이 안정되고 늘 한결같으며, 완벽한 조화를 이루어 내는 것이다.

우리 눈에는 그저 한 점으로밖에 보이지 않는 작은

생물도 현미경으로 들여다보면 완전한 생명체로서 모든 것을 갖추고 있다.

겨울에 하얗게 떨어지는 눈의 결정을 자세히 살펴보면, 거의 완벽에 가까운 형태를 갖추고 있다는 것은 이미 많은 사람에게 알려진 사실이다.

인간의 인생은 치밀한 계산에 따라 흘러가고 있다.

작은 일도 완전하게 하라

기초란 가장 첫 단계 작업이므로 보통은 묻혀버리거나 시야에서 사라지지만, 건축에서 기초 공사의 필요성은 아무리 강조해도 지나치지 않는다.

기초를 확실히 다진 후에야 비로소 돌과 벽돌을 쌓아가며, 견고하게 아름다운 건물을 완성할 수 있다.

우리 인생도 마찬가지다.

고난과 실패 없는 인생을 이루고 싶다면, 순수하고 풍성하며 안정된 마음으로 살아가야 한다.

많은 사람이 성공을 바라면서도 실패와 좌절을 경험하는 이유는 순간순간 자신의 의무나 사소한 일에 완전한 성실함으로 임하지 않은 탓도 있다.

우리가 프로라고 부르는 사람들은 아무리 사소하고 자질구레한 부분도 결코 그냥 지나치지 않는다. 그들은 벽돌 하나만 빠져도 건물의 내구력이 약해지고, 결국엔 큰 문제가 생긴다는 사실을 간파하고 있다.

주어진 일을 멋지게 완수하는 사람들은 사소한 부분을 대충 흘려버리면 나중엔 더욱 큰 문제로 되돌아온다는 것을 잊지 않는다.

실패를 경험한 사람들 중 많은 사람이 슬픔에 젖어 있느라 사소한 일쯤은 대충 넘겨버리는 오류를 범한다.

작은 일도 대수롭지 않게 여기는 사람들의 가장 큰 공통점이자 오류는, 오직 큰 부분만 중요하게 여기고 그곳만 집중한다는 것이다.

인생 전반에 대한 깊은 통찰과 심사숙고하는 자세만이 그들의 잘못된 생각을 바로잡아 줄 수 있다.

아무리 크고 중대한 일이라도 자세히 따져보면, 사소하고 작은 일들이 모여 이루어진다.

무언가를 구축하려면 단 한 가지라도 소홀히 여겨서는 안 된다. 보잘것없이 느껴지는 일이라도 차근차근 완벽하게 해결하지 않으면 큰일을 이룰 수 없음을 알아야 한다.

앤 발레이어 코스터, 〈파란 도자기 꽃병에 담긴 꽃다발〉

도덕적인 '네 가지 기본 원칙'을 기초로 삼아 인생을 구축해 나가는 사람만이 정신 능력과 고귀한 인간성을 높일 수 있으며, 인생의 가치 또한 향상시킬 수 있다.

마음에 안전하고 든든한 기초를 쌓아가라. 그러면 안정된 인생을 즐길 수 있을 것이다.

집중하는 힘의 중요성

집중이라 함은 마음 중심에 의식을 모아 그 상태를 오랫동안 유지해 나가는 것이다.

의식이 집중된 상태는 완성의 아버지, 탁월함의 어머니라 불릴 정도로 과제나 업무를 진행할 때 효과적인 힘을 발휘한다.

집중력은 기관차를 움직이는 증기처럼 마음의 모든 기능을 촉진시키고, 탁월한 능력을 발휘하게 하는 원동력이다.

또한 평상시에는 드러나지 않는 잠재 능력과 의식 기능을 총동원하여 강력한 힘으로 목적 달성을 지원한다.

집중, 그 자체를 능력이라 일컫는다는 것이 다소 무리이긴 하지만, 어쨌든 그것은 우리의 마음과 인생에 큰 영향을 미치는 원동력이라 할 수 있다.

일반적으로 반드시 완성하겠다는 명확한 의지와 강력한 동기가 있는 경우, 놀라울 만큼 집중력이 발휘된다. 하지만 열의로 가득 찬 의지와 동기를 유발해 낸다는 것은 그리 쉬운 일이 아니기 때문에, 완벽하게 집중력을 발휘하는 사람을 찾아보기란 힘들다.

그래서 성공한 사람이 주변에 많지 않은 것이다. 성공한 사람들 대부분 자신이 맡은 일이나 연구 과제에 몰입하는 과정에서 완전하게 의식을 집중시키는 상태를 볼 수 있다.

어떻게 하면 완전하게 몰입에 들어갈 수 있을까?

그것은 업무나 과제에 몰두하고 열중함으로써, 그 세계로 완전히 빨려 들어가 버리는 상태를 말한다.

물론 집중력 정도에는 사람마다 차이가 있지만, 몰두하고 심취하다 보면 자연히 집중력을 활용할 수 있다.

이러한 집중 상태에는 이성과 불가사의한 힘이 공존하는 듯한 느낌이 든다.

몰입은 누구나 할 수 있다. 모두에게 주어진 공평한 선물이다.

집중력을 다스리는 능력이 필요하다

최근 들어 집중력 향상이나 몰입 상태의 감각을 오랫동안 활용하는 방법이 다양하게 소개되고 있다.

예를 들면 일정 대상물을 정해 놓고 의식을 집중시키는 것으로, 주로 코끝이나 문손잡이, 신비한 느낌을 자아내는 상징이나 성인들의 초상화 등이 주요 대상이다.

이 외에 송과체(뇌의 양 반구 사이의 중심 부분)로 의식을 모은다거나, 공간 속에 상상의 포인트를 지정하여 시선과 의식을 집중하는 방법도 많이 이용된다.

이런 방법을 이용해 입을 오물거리며 먹는 흉내를 내면 몸속에 영양분이 공급되고 있다는 착각을 일으킬 수도 있다.

그러나 이 방법들의 맹점은 지식을 체득한다기보다, 마음 약하고 다소 아둔한 이들을 현혹하기 위해 불가사의한 감각을 경험하도록 분위기를 조성한다는 점이다.

몰입이라는 단어의 참뜻은 무언가를 이루기 위한 보조 수단일 뿐, 몰입 그 자체가 어떤 일을 해내는 것이 아님을 알아야 한다.

따라서 몰입보다 그것을 활용하여 좀 더 고차원적인 일을 수행했을 때, 비로소 가치를 인정받는다.

몰입을 위한 집중력은 언뜻 보아서는 불가능할 것 같은 일에 능력을 발휘하는 힘처럼 보인다. 즉 '달성할 수 없었던 일을 이루어 냈을 때'만이 의미가 있다.

따라서 집중력 향상 자체만을 목적으로 하는 방법은 무리가 따르며, 오히려 그것은 일을 수행하기 위한 정신적 컨트롤이나 관리 능력에 방해가 될 수도 있다.

일이나 업무, 학업 등등 무엇을 하든지 집중력을 따로 떼어서 생각할 수 없기 때문에 집중력을 발휘한다는 것역시 인생의 귀중한 과정으로 볼 수 있다.

몰입을 통해 집중력을 향상시킨다면 자신의 능력을 높일 것이다. 그로 인하여 자신이 원하는 성공에 한 발자국 더 가까이 다가갈 수 있다.

명확하고 강인한 사고의 필요성

한창 일에 심취해 있을 때 놀라운 집중력을 발휘하다는 것은 신성한 지식을 얻는 것과 같다. 굳이 실물을 대상으로 하지 않더라도 정신과 마음을 컨트롤하는 방법으로 집중력을 높일 수 있다.

그렇다면 자연스럽게 집중 상태로 빠져들 수 있는 방법은 무엇일까?

한 가지 예를 들면, 일할 때 목적이나 순서와는 상관없이 무조건 서두르는 식으로 스피드에만 초점을 두는 방법이다.

하지만 이런 방법은 문손잡이나 사진, 코끝을 응시하는 방법과 큰 차이가 없다.

이러한 정신 상태를 집중이라고 생각하는 사람이 있는데, 이것은 일종의 환각 상태에 빠지는 것뿐이다. 자칫 잘못하여 지나치게 정신을 압박하면 정신분열 증상을 일으키는 경우도 있다.

셀프컨트롤처럼 마음을 안정시키기는커녕 파괴의 수단이 될 수도 있다.

집중력의 최대 적은 의식을 여러 곳으로 분산시켜

전혀 규율이 없는, 무질서한 상태의 마음이다. 집중하려면 이러한 심적 상태를 극복해야 한다.

늘 머릿속이 혼란스럽고 의문과 미신만 가득하다면, 정작 어려운 상황에 닥쳤을 때 실패할 수밖에 없다. 명확하고 강인한 사고만이 성공과 승리를 보장한다.

집중력을 습관화하는 방법

집중력을 확실히 높이는 비법이나 전략 같은 건 사실 없다. 오로지 실천만이 그 방법이다. 어떤 능력이든 기본 원리를 확실히 깨우쳐야 자기 것이 된다.

우선은 시작하는 것, 그리고 완전히 자기 것으로 습득할 수 있을 때까지 지속적으로 행하는 것, 이것이 집중력의 기본 원리다.

이 원리는 학습뿐만 아니라, 비즈니스를 비롯한 모든 분야에 걸쳐 통용된다. 그림을 잘 그리려면 일단은 그려보아야 하고, 도구 사용법을 알려면 무조건 그 도구를 사용해 보아야 한다.

마찬가지로 공부를 잘하려면 일단 공부부터 제대로 시작해야 하고, 현명해지려면 먼저 깊게 생각하고 나서 행동하면 된다.

집중력을 키우려면 자신의 행동에 정신 에너지와 지성을 가미해야 한다.

가장 먼저 당신이 반드시 해야 할 일이나 공부, 작업을 마음속에 정하자. 그리고 그 목표를 향해 모든 지적 요소와 정신 에너지에 초점을 맞추겠다는 각오로 의식을 모아 보자.

아무런 연관성 없이 막연하기만 한 사고가 마음속을 떠도는 것처럼 느껴지면, 바로 그 순간 눈앞에 있는 실업무나 빨리 해결해야 할 일에 생각을 옮겨 보자.

지정된 곳에 시선을 고정하지 않으면, 집중력은 생기지 않는다. 집중하는 포인트는 무의미한 대상물이 아니라, 늘 당신 앞에 할당된 업무와 일이다.

당신의 목적은 유연하면서도 신속하게 그리고 완전한 능력을 발휘하여 일상적인 업무를 완성하는 것이다.

마음이 산만해져서 도무지 일이 손에 잡히지 않는다면, 그것은 마음이 제대로 컨트롤되지 않는다는 증거다. 그런 상태에서는 집중력을 키울 수 없다.

집중력을 향상시키는 4단계 프로세스

처음부터 분명하고 확고한 사고를 유지하면서 에너지를 쏟아붓는 일은 상당히 어렵고 벅찬 작업이다. 그러나 포기하지 않고, 매일 부단히 노력하다 보면 스스로 통제할 수 있게 된다.

일을 치밀하게 파악하고 신속하고 정확하게 처리하려면 고도의 테크닉이 필요하다. 그러나 일단 이 테크닉을 완전히 익히고 나면, 계획적이고 진취적인 실천력으로 성공의 기회를 붙잡을 수 있다. 그뿐만 아니라 지금보다 훨씬 일에 대한 즐거움과 충만한 인생을 직접 체험할 수 있다.

집중력 향상을 위한 4단계는 다음과 같다.

1단계: 주목
2단계: 곰곰이 생각함
3단계: 깊게 정신 집중
4단계: 신중하고 침착한 활동

일단 주목한 다음에는 업무를 진행해 우선은 무언

클로드 모네, 〈흰색 수련 연못〉

가를 생각하려 하지 말고, 집중해야 할 일이나 과제에 마음을 고정시킨다. 그것이 바로 1단계의 주목이다. 나갈 방법을 찾아 마음이 활발하게 움직이기 시작한다. 2단계의 곰곰이 생각함이다.

얼마 동안 숙고 단계를 유지하다 보면 감각의 문이 열리듯 생각 또한 어떤 마음 상태로 이어진다. 그러고 나면 외부 세계로 연결되는 생각의 문이 닫히면서 자신이 해야 할 일에만 집중하게 되는데, 이것이 3단계의 깊은 정신 집중을 말한다. 곰곰이 생각할수록 마음은 고요하면서도 신속하고 깊게 정신을 집중한다. 최대한의 효과를 발휘하면서 일을 진행해 나간다. 마지막 4단계의 신중하고 침착한 활동이다.

대체적으로 어떤 일을 추진할 때는 대부분 1~2단계만으로도 충분하다. 일의 수준이나 완성도와는 별개로, 일단 이 두 단계만으로도 확실한 습관만 들여놓으면 일반 회사 업무나 연구 과제 정도는 충분히 해결할 수 있다.

다음 단계인 깊은 정신 집중에 도달하는 사람은 극히 일부이므로, 3단계에 도달하면 가히 천재 영역에

해당한다고 할 수 있다.

앞의 두 단계까지는 일과 마음이 반드시 일치하지는 않는다. 마음은 없어도 노력 여하에 따라 그에 준하는 업무 성과를 올릴 수 있다.

그러나 3단계부터는 일과 의식의 조화가 돋보인다. 이 두 가지 요소가 결합하고 융합하면서, 적은 노력으로도 큰 효과를 발휘할 수 있게 된다.

초기 2단계에서도 물론 의식과 업무가 결합되어 있기는 하지만, 워낙 그 융합 정도가 약해서 외부로부터 약간의 잡음이나 충격이 가해지면, 곧바로 해체되기도 한다. 정신 집중 단계에 이르면, 자신이 몰두하고자 하는 대상이나 목적을 외부 세계와 완전 구별함으로써 아무런 방해도 받지 않는 자신만의 주관적 세계에 몰입할 수 있다.

이 단계 수준에 이르면 더 이상 외부 세계는 신경 쓰이지 않을뿐더러, 오히려 내부의 지적 활동이 더욱 선명하게 대두되기 시작한다. 주변에서 아무리 말을 걸어도 들리지 않으며 지나치다 싶을 정도의 자극을 주어야 비로소 몰입해 있던 세계에서 현실로 돌아온다.

깊은 정신 집중은 마치 꿈을 꾸고 있는 상태와 비슷하다. 의식이 관념의 세계에 머물고 있다는 점에서 꿈과 상당 부분 유사하다. 그러나 집중 상태는 진짜 꿈처럼 황당무계하거나 불가사의한 세계가 아니라, 예리한 통찰력과 높은 수준의 지성으로 무장한 세계다.

정신 집중이 가능한 사람은 자신의 영역에서 천재 수준의 실력을 발휘하게 되는데, 예술가나 과학자, 문학가 그리고 철학가들이 바로 그 좋은 예이다. 그들은 자신의 일에 엄청난 몰입 능력을 과시하면서 목표한 바를 이루어 나간다.

4단계인 신중하고 침착한 활동은 완전한 정신 집중 상태를 가리킨다. 이 상태를 한마디로 표현하기란 어렵지만, 활동을 계속하면서도 휴식을 취하는 듯한 평화롭고 조용한 분위기를 나타내는 것만은 확실하다.

가는 선 하나가 조용히 나선을 그리며 하늘로 올라가듯, 강렬한 에너지가 침묵 속에서 상승하는 느낌이라고도 할 수 있다.

최소한의 노력으로 최대한의 효과를 올릴 수 있는 상태를 향해, 아주 천천히 그리고 고요하게 상승한다.

뇌의 움직임이 정지해 있는 듯한 느낌이 드는 이유

는 극도의 균형 상태를 유지하고 있기 때문이다. 즉 완벽한 균형 상태가 지속되고 있는 것이다.

마음은 격정과 환희가 몰아치지만 표정은 매우 평화로워서 일사천리로 일을 진행해 나가며, 주변으로부터 어떤 방해도 받고 있지 않는 듯한 느낌마저 든다.

집중력을 높이는 단계마다 특별한 힘이 생겨나는데, 1단계에서는 실천력, 2단계에서는 능력과 재능이 생기며, 3단계에서는 독창성, 마지막 4단계에서는 리더십과 지도력이 뿜어져 나온다.

'집중력'을 올바로 깨닫고 실행할 수 있는 사람은 어떤 상황이 닥쳐도 적극적이고 긍정적 사고로 문제의 핵심을 탐색해 나가면서 전체를 이해할 수 있다.

중요한 것과 중요하지 않은 것, 버려야 할 것과 반드시 지켜야 할 것을 제대로 판단하는 것 역시 집중력의 힘이다.

자신의 목적을 달성하기 위해 사고 기능을 유효 적절히 활용하는 방법과 에너지 활성화 방법을 잘 기억해 두면, 현명하고 강인한 의지가 생겨나고, 결국에는 목표를 이룰 수 있는 지적 실천자가 될 수 있다.

그리고 집중력은 명상과도 연관되어 있다.

집중과 명상의 차이

정신 집중이 간절한 소망으로 자리 잡으면 그곳에 명상이 기다리고 있다.

간절한 소망이란 세속적인 즐거움이나 이기적인 생활을 실현하기 위한 것이 아니다. 순수한 마음으로 간절히 소망하는, 한없이 고귀한 세계를 추구하고 마음속에 진실만을 담아 두려는 바람이다.

인생을 올바로 깨닫기 위해 생각을 집중하고 싶을 때, 비로소 사람들은 명상을 떠올린다. '인생의 본질에 대한 깨달음'을 간절히 소망하는 마음이 없다면 명상은 무리다. 소극적이고 무관심한 마음으로는 아무리 사소하고 작은 일이라도 제대로 이룰 수 없다.

인생 본질에 흥미를 갖고 진실을 찾아내려는 바람이 있어야 명상을 체험할 수 있다.

당신 마음속에 이처럼 뜨겁고 간절한 소망이 있다면, 명상의 세계로 녹아들어 진실을 마주하는 경험을 할 수 있다.

집중력은 구체적인 목표를 실현하는 반면, 명상은 고귀한 정신적 세계를 실현한다.

실천적 기술과 지식은 집중력을 통해 얻을 수 있으며, 정신적인 기술과 지식은 명상으로부터 나온다.

집중력을 기르면 누구나 천재가 될 수 있지만, 그렇다고 해서 정신적 '진실의 절정'에 다다랐다고는 할 수 없다.

사람은 명상을 통해 비로소 신의 지혜와 완전한 평화에 도달할 수 있다.

집중은 '능력'을 가져다주지만, 명상은 '지혜'를 안겨다 준다. 집중력 있는 사람은 과학이나 예술, 비즈니스 분야에서 전문성을 숙련시켜 나갈 수 있지만, 명상은 인생 자체에 대한 숙련도를 닦아 나갈 수 있도록 돕는다.

사람은 정직한 생활과 적극적인 자기 계발 그리고 현명한 지혜를 통해 성인에 이르며, 명상을 통해 깨달음을 얻는다.

명상을 통해 인생의 본질을 찾는다

몰입은 무의식적인 힘을 불러내고, 명상은 좀 더 의식적인 노력과 실천으로 스스로 힘의 세계로 몰아간다. 이것이 몰입과 명상의 차이점이다.

명상은 정신적 집중이며, 삶의 지식과 지혜에 마음의 초점을 맞추어 오로지 마음을 진실로 향하게 하는 것이다.

오랜 역사를 통해 본다면 인간의 화두는 진실 탐구였다.

'나는 왜 태어났는가'에 대한 본질을 찾기 위해, 스스로를 진실로 이끌기 위해 정신적으로 정화시키려고 한다. 그리고 생명의 신비와 불가사의한 힘에 대한 깊은 성찰을 하게 된다.

난해하고 심오한 인생 문제를 하나씩 해명하기 위해, 해결의 실마리를 찾아 나설 뿐 아니라, 현실에서 발생하는 모든 현상을 추상적이고 본질적으로 받아들이는 요령을 터득함으로써, 인생의 본질에 다가선다.

정신 집중을 통해 진실의 세계로 몰입되는 듯한 상태에서 균형 감각을 배운다. 영속적이면서도 고요한,

그러면서도 얽매이지 않은 마음의 평화와 '침착한 행동'이 가장 완벽한 균형을 이룰 수 있다.

짧은 명상부터 시작하라

명상은 엄격한 자기 단련을 목적으로 하기 때문에 집중력 훈련보다 훨씬 어려운 작업이다.

그도 그럴 것이 몰입은 정신을 정화하지 않고도 가능한 일이지만, 명상은 마음과 인생의 정화 과정을 필요로 하기 때문이다.

명상의 진정한 목적은 진실에 도달하는 것이다.

처음 얼마 동안은 짧은 명상 시간이 효과적이다. 이른 아침 30분 정도가 적당하다. 비록 짧은 시간이지만 자신의 소망을 선명히 그려낸다면 명상은 하루 생활에 큰 활력을 불어넣을 것이다.

명상은 생활 전반에 걸쳐 영향력을 행사하므로 제대로 실천하기만 한다면 자신이 처한 상황이나 환경에 어울리는 행동은 물론 모든 부분에서 발전을 이룰 수 있다.

명상을 통해 성숙한 통찰력을 경험한 사람은 더 강

인하고 신성한 인격의 소유자가 될 수 있다.

명상의 두 가지 원칙을 소개하면 다음과 같다.

1. 순수한 생각을 반복함으로써 마음을 정화한다.
2. 순수한 생각과 정화된 마음을 바탕으로 행동하면 진정
   한 지혜를 추구할 수 있다.

인생의 본질에 다가가는
가장 완전한 방법

개인의 성격이나 생활 방식은 마음속에 있는 습관적 생각을 따른다.

또한 마음속 생각을 행동으로 표출함으로써 더더욱 진보된 사고를 반복하며 성격과 습관을 발전적으로 바꾸어 나간다.

명상을 일상생활로 받아들이고, 하루하루를 순수한 생각으로 보내다 보면 행동 역시 진지하고 이성적으로 바뀌게 된다.

끊임없이 순수한 마음을 추구하면 그것은 자연히 행동으로 이어지기 때문에 정신은 더더욱 정화되고,

온화하면서도 현명한 인생을 실현해 나갈 수 있다.

많은 사람이 마음속의 순수한 생각과 모순된 욕망 또는 감정에 얽매여서, 잘못된 예측을 하며 살아간다. 그뿐만 아니라 마음이 늘 불안하고, 아직 일어나지도 않은 일들을 미리 걱정하며 슬퍼하고, 귀중한 시간을 허비하기도 한다.

그러나 이런 사람도 명상을 통해 마음을 훈련하기 시작하면, 원인과 결과의 법칙에 초점을 맞춰 생각을 할 수 있으며, 셀프컨트롤도 가능해진다.

이런 작업을 꾸준히 반복하면 인생의 본질에 다가가며, 통찰력이 깊어진다. 그러면서 현실과 마음의 조화를 실감할 수 있다. 정신적인 성장의 완성을 향해 평화로운 마음을 유지할 수 있다.

명상과 환상은 전혀 다르다

명상과 혼동되기 쉬운 것이 바로 환상이다. 그런데 명상과 환상은 전혀 다른 영역이다.

환상은 몽롱한 의식 상태에서 마치 꿈에 취해 있는 것과 같지만, 명상은 강한 목적의식을 갖는 행위다.

또한 환상은 슬그머니 찾아오는 쾌락과 즐거움으로 순간적인 행복을 느끼게 하지만, 명상은 사고를 활발하게 하기 위한 일종의 훈련이므로 다소 어렵고 지루할 수 있다.

환상의 매력에 사로잡히게 되면, 처음에는 감각적 쾌락에 빠지는 정도로 그치지만, 시간이 흐르면 흐를수록 점점 육체적인 자극이나 충족을 원하는 경우까지 생긴다.

명상은 초기에 바로 빠져들기 어렵다. 하지만 계속해서 노력하다 보면 평화로운 마음을 느끼게 되며, 서서히 자신에게 유익한 효과가 나타나게 된다.

환상에는 셀프컨트롤을 방해하고 도저히 억제할 수 없는 위험성이 도사리고 있다. 그러나 명상은 셀프컨트롤을 가능하게 하며, 부정적 마음과 행동을 제거한다.

환상과 명상의 차이를 좀 더 구체적으로 살펴보자.

다음은 환상의 특징을 나열한 것이다.

1. 쾌락의 순간에서 깨어나지 않기를 바란다.
2. 즐거움을 경험한다.

3. 의무감에 대한 거부감이 크다.

4. 의무와 책임을 회피한다.

5. 지배를 두려워한다.

6. 가능하면 노력 없이 돈을 벌고 싶어 한다.

7. 셀프컨트롤에 약하다.

다음은 명상의 특징이다.

1. 육체와 정신 에너지를 증폭시킨다.

2. 지혜를 발휘하여 최선의 노력을 기울인다.

3. 의무를 실행함에 있어 지루해하지 않는다.

4. 성실하게 책임을 다하겠다는 결의가 강하다.

5. 두려움에서 해방된다.

6. 부에 집착하지 않는다.

7. 셀프컨트롤이 가능하다.

명상에 가장 적합한 시간과 장소, 기타 조건에 대해 살펴보자.

① 이른 아침 ② 식사 직전 ③ 조용한 장소 ④ 공기가 잘 통

피에트로 비앙키, 〈미다스의 심판〉

하는 깨끗한 방 ⑤ 딱딱한 시트 위 ⑥ 신체의 활력이 넘칠 때 ⑦ 꽉 조이지 않는 복장

각 조건을 잘 살펴보면, 쾌락적인 환경은 명상을 어렵게 만들고 방해한다는 것을 알 수 있다. 이러한 부정적 조건들이 정도를 지나치면 결국엔 명상 자체가 불가능해진다.

명상을 잘하려면 높은 수준의 정신적, 육체적 에너지가 필요하다. 명상의 포인트는 언제나 높은 에너지를 유지하는 것이다.

명상의 효과

명상을 통해 마음을 정화할 수 있다고 했는데, 과연 그 한계는 어디일까? 다행히도 한계는 없다.

명상 준비를 마친 마음 상태라면, 본능적으로 명상을 실행하면 된다.

그러나 단순히 기능적인 반복은 아무런 효과가 없다. 오히려 환상에 빠지는 등의 역효과를 낳기도 한다.

의식적으로 사랑과 자기신뢰가 넘치는 깊은 사고는

자연히 생활 자체에도 변화가 생긴다.

이처럼 고귀한 수준의 정신 집중 상태에서 깨닫는 조화는 현실을 창조하는 강력한 힘이 된다.

지금까지 소개한 사항들은 명상 초기 단계에서 중요한 포인트만을 발췌한 것이다.

이 포인트를 성실히 실행하여 단련해 나간다면 정신을 정화할 수 있음은 물론, 지혜를 쌓아갈 수도 있다. 그리고 당신에게 찾아드는 기쁨과 평화 속에서, 신성한 명상의 단 열매를 맛볼 수 있다.

생각에 힘을 싣는 과정

흩어지면 약해지고, 모이면 힘이 된다. 분해되면 흩어지고, 합성되면 본래 속성을 유지할 수 있다.

이것은 물질의 속성을 가장 합리적이고 정확하게 표현한 것이다.

생각이란 이성적으로 온 힘을 기울일수록 그 위력이 강해지고, '목표'는 생각의 집중력을 향상시킨다.

목표를 달성하려는 '마음 에너지'는 어렵고 난해한 문제를 하나씩 극복함으로써 파괴적인 힘을 가진다.

신전으로 향하는 길 곳곳에 돌로 만든 이정표가 놓여 있듯이, 목표는 성공을 향해 질주하는 당신에게 확실한 지표를 제공한다.

또한 목표는 여기저기 분산되어 있는 정신 에너지를 한 곳으로 결집시킴으로써, 거대한 힘으로 변화한다.

거짓된 생각, 부질없는 환상, 막연한 바람, 우유부단한 생각만으로는 목표를 찾을 수 없다.

목표와 정확히 눈높이를 맞춘 마음속에는 가치 없는 생각이 설 자리가 없으며, 오직 달성을 위한 결의와 승리에 대한 확신만이 넘쳐난다.

성공한 사람들은 모두 마음속에 굳건한 목표를 품고 있다. 성공한 사람들은 아이디어나 과제를 소중히 여기며, 계획과 과정을 포기하지 않고, 온 마음을 다해 실천한다.

또한 그들에게는 그 어떤 어려움이나 고난이 닥쳐도 후퇴란 없으며, 직면한 문제가 크면 클수록 성공을 향한 에너지와 열정도 성장해 간다.

스스로 운명을 개척하는 사람이야말로 목표를 향해 주저 없이 발걸음을 내디딘다.

고대 로마인들은 고문이나 죽음에 대한 두려움에

도 굴하지 않고, 자신의 의지와 신념을 자신 있게 표출하면서 승리를 쟁취하기도 했다. 민족을 이끄는 위대한 리더들은 정신을 북돋아 높인다. 이러한 지적 정신이 운명을 개척하며 모든 어려움과 장애를 극복할 수 있다.

순수하고 원대한 목적일수록
위대한 힘을 발휘한다

목적은 사람을 움직이는 커다란 힘이다.

목적의 힘은 과연 어느 정도인가.

역사는 나라와 민족의 운명을 통해 위인들이 가진 목적의 위력과 영향력을 적나라하게 이야기하고 있다.

나폴레옹이나 알렉산더 대왕, 시저와 같은 왕들은 개인적인 명예나 욕망을 채우려는 목적에서 시작되었다. 그러나 부처나 공자, 예수와 같은 개인 영역을 뛰어넘는 숭고한 깨달음에 대한 목적은 그 영향력이 현대에 이를 정도로 지대하다.

목적은 지성을 나타낸다. 즉 목적이 숭고하고 멋진가, 아닌가는 정신적 지성과 비례한다.

훌륭한 정신과 지성으로 살아가는 사람은 가치 있는 목적을 향해 달려가고, 약하고 우둔한 마음뿐인 사람은 목적조차 제대로 세울 수 없다. 목적 없는 마음은 아무런 진보가 없는 논의와 싸움만 되풀이할 뿐이다.

만약 확고한 목적에 바로 눈앞까지 다가섰다면, 목적을 취하지 않고 되돌아갈 수 있을까? 모든 상황은 목적에 쏟아 넣는 힘과 노력에 반응하기 마련이다.

정의에 역행하는 목적을 가지고 살아가는 사람은 그 과정에서 결국 자신의 파멸을 맛보게 된다. 정당한 목적을 품고 살아가는 사람은 실패의 쓴잔을 맛볼 일은 없다. 목적을 달성하기 위하여 흔들림 없는 결의와 열정을 새롭게 다져나갈 뿐이다.

실패는 성공으로 가기 위한 계단

사람들로부터 인정받지 못한다고 한탄만 하는 사람은 결코 성공할 수 없다. 그 사람은 누구보다 마음이 약하기 때문이다.

주변 사람들의 시선을 신경 쓰는 사람은 스스로의

신념을 지키기 어렵다. 우유부단하고 수시로 목표를 바꾸는 사람도 결국엔 실패할 수밖에 없다.

반면에 정확한 목적의식과 목표를 마음에 품은 사람은 당장 누가 인정해 주지 않아도, 온갖 비난을 받아도, 자신의 결의를 꺾지 않는다.

물론 달콤한 유혹을 받기도 하고, 또 어떤 날은 협박과 회유로 상처받기도 하지만, 그럴수록 더욱 굳은 결심으로 당당히 세상에 맞서는 자만이 진정한 성공을 거둘 수 있다.

가슴에 굳은 목적을 간직한 사람에게 어려움과 약간의 문제 정도는 오히려 신선한 자극이며 새로운 능력을 발휘할 좋은 기회일 뿐, 그 어느 것도 그를 무너뜨릴 수 없다.

'목표는 반드시 이룰 수 있다'고 생각하는 사람에게 실패란 성공으로 다가가기 위한 계단에 불과하다.

나를 품고 있는 이 밤의 어두움

남극에서 북극에 이르도록 광활한 암흑 속

내게 불굴의 영혼이 있음을

모든 신에게 감사를 표한다.

잔인하고 암울한 상황에 맞닥뜨려도

나는 울지 않는다.

큰 소리로 울지 않는다.

기회를 떠나보내고 머리끝에서 발끝까지

피가 철철 흐른다고 해도

나는 굴하지 않는다.

구원으로 들어가는 문이 아무리 좁아도 상관없다.

복음의 형벌을 얼마나 질까.

내게는 그것이 중요하다.

나는 내 운명의 주인이다.

나는 내 영혼의 선장이다.

목표에 도달하다

스스로 세운 목표를 달성할 때 환희가 찾아온다. 아무리 작은 일이라도 이루고 나면 반드시 기쁨과 환희가 찾아온다.

사소한 일이든 위대한 일이든, 목표를 이루고 나면

안정과 만족감을 얻는다. "맡은 일에 최선을 다한다면, 사람은 밝고 행복하게 살아갈 수 있다."

이것은 에머슨이 남긴 말로, 설령 남들이 인정하지 않는 사소한 일이라도 성실한 마음으로 온 힘을 기울이면 행복하고 평화로운 삶을 누릴 수 있다는 뜻이다.

반면에 책임을 회피하려는 사람만큼 불행한 사람도 없다. 힘들고 벅찬 일은 피하고, 오직 편안한 길만 걸어가다 보면, 무의미한 일에 귀중한 에너지를 허비하는 결과밖에 되지 않는다.

더욱이 자존심과 용기가 없는 자신을 부끄러워하고, 그것이 콤플렉스가 되어 더욱더 자신감을 잃고 만다.

스코틀랜드의 사상가인 토머스 칼라일은 "자신의 능력을 개발하지 않는 자는, 때로는 자신을 멸망시킨다."라고 말했다.

맡은 일을 게을리하고 본인의 능력을 충분히 살리지 못하는 사람은 처음에는 자신의 성격을 왜곡하고, 서서히 신체 리듬에도 이상이 생기면서 불행의 늪으로 빠질 수밖에 없다.

인생이란 움직이는 것이다. 몸과 마음을 움직이기 싫어하는 인생은 육체도 정신도 썩어버리고 만다.

스스로 행동하고 모든 힘을 다해 자신에게 닥친 문제와 장애를 극복하다 보면, 신체를 단련하듯 마음도 단련되어 정신력도 강화된다.

실패를 환희로 바꿔라

어린 시절, 열심히 노력해서 성적이 올랐을 때, 어려운 수학 문제를 풀었을 때 얼마나 기뻐했는지 떠올려 보자.

운동선수들이 길고 험난한 훈련을 이 악물고 견디는 이유 역시 승리의 기쁨과 환희를 알기 때문이다. 육체적으로나 정신적으로 너무 힘들어 포기하고 싶지만, 경기에서 멋지게 활약함으로써 주변 사람을 기쁘게 하고 인정받는 기쁨도 알기 때문이다.

몇 년씩 좁은 연구실에 갇혀 약물과 씨름하면서도 과학자들이 그 손을 놓지 않는 이유 또한 탐구와 발명의 기쁨을 맛보기 위해서다.

힘든 상황이나 어려운 문제에 부딪쳐도 또다시 도전하는 직장인에게 성공에 대한 보수와 성취감이 기다리고 있다.

한여름 뙤약볕을 견디며 씨를 뿌리고 밭을 일구는

농부는 가을의 풍성한 수확과 함께 노동의 즐거움을 만끽한다.

자신의 목적을 완수했을 때의 기쁨은 그동안 자신이 노력한 만큼의 결과다. 더불어 정신적인 성장이라는 선물까지 주어진다.

인생을 살다 보면 때로는 실패와 좌절감으로 큰 상처와 아픔을 겪기도 한다. 그러나 뜻을 이루고자 하는 노력과 실천 의지가 상처와 아픔을 치유하며, 최후에는 마음에서 우러나는 기쁨을 누릴 수 있다.

실패는 자신을 성장시키는 하나의 발걸음에 지나지 않음을 기억하자.

완성의 기쁨

인생의 모든 성과는 노력의 결과다.
인생은 노력과 실천의 연속이다.
노력도 실천도 외부 환경과의 싸움이 아니다.
오로지 자신과의 내적 싸움일 뿐이다.
그 싸움은 미덕의 정신을 기르기 위한 훈련이며
내적 싸움은 자신을 크게 성장시킨다.

한 가지 일에 성공하면 좀 더 높은 목표를 향해
자신을 채찍질하자.
계속해서 배우고 매일 탐구하라.
지식과 지혜를 향한 열정을 잃지만 않는다면
이 땅 위에서 영원히 기쁨의 환희를 발견하리라.

그 시작은 비록 미약할지라도
그러나 그 자그마한 성공이 쌓여서 더욱 커다란
도전으로 다가오리라.
최고의 노력으로 진실의 완성을 추구해 나간다면
영원한 기쁨을 누리리라.
인생의 가치는 노력뿐이다.
최고의 노력이 완성을 창출하며
그 완성의 보수가 바로 환희다.

자기 자신과의 싸움은 순수하고 고귀한
마음으로 채워지리라.
이제 환희 가득한 마음은 완성의 기쁨을
맛보게 되리라.

As a Man Thinketh

Part6.

—

사랑

"내가 이해하는 모든 것은 내가 사랑하기 때문에 이해한다."

― 레프 톨스토이

사랑의 힘

"가난한 사람은 먼 곳에 있지 않다. 사랑의 마음으로 주위를 둘러보라. 그러면 사랑의 손길을 받아야 할 사람들을 얼마든지 발견할 수 있다."

유고슬라비아의 한 평범한 농가에서 태어난 마더 테레사는 그 어느 것 하나 가진 것이 없을 때 기쁨을 통해 가난한 사람을 도울 수 있었다. 먹을 것도 없고, 집도 없이 병들어 죽어가는 사람들을 위해 글을 가르치고 위생적인 환경을 만들며 사랑을 베풀었다.

숱한 난관에 부딪히면서도 자그마한 몸집에 온화한 성품을 가진 마더 테레사는 가난한 사람들과 도움을 필요로 하는 사람들을 위해 정열적인 활동을 펼칠 수 있는 국제적 기반을 광범위하게 확보했다.

빈민굴의 성녀로 불렸던 마더 테레사는 인종과 국가를 초월하여 나환자, 고아, 무의탁 노인에 이르기까지 가난하고 소외된 사람들의 어머니였다.

이렇게 사랑의 힘이란 정말 위대하다. 사랑은 작은 씨앗을 뿌려 가장 큰 열매를 수확한다.

남에게 베풀 때 더 큰 행복이 찾아온다

많은 사람이 욕망을 채우면 행복을 얻게 된다고 생각하지만, 이런 행복은 거짓이다.

이기적인 마음으로 물질적인 부에 매달리는 일을 그만둘 때, 영원으로 이어질 진정한 행복을 얻을 수 있다.

물질적인 부는 당신이 그것에 매달리든 매달리지 않든 언젠가는 반드시 사라져 버린다.

지금까지 살아온 인생을 되돌아 보자.

가장 큰 행복을 느낀 순간이, 바로 타인을 배려한 말들을 하거나, 그런 행동을 했을 때라는 사실을 깨닫게 될 것이다. 사람은 받을 때보다 남에게 베풀 때 더 큰 기쁨을 얻을 수 있다.

자, 이제 이기적인 생각을 버리자.

그렇게 자신을 사로잡고 있는 욕망의 쇠사슬을 차례로 부숴 가는 동안, 무언가를 빼앗고 싶어 하는 고뇌와 대조되는 베푸는 기쁨을 알게 될 것이다.

물건, 지식, 사랑을 남에게 주는 일은 그 무엇과도 바꿀 수 없는 기쁨을 줄 것이다.

노력에 따라 주어지는 행복

천국과 지옥은 사람의 마음에 존재한다. 이기적인 자아와 욕구가 시키는 대로 따른다면 결국 지옥에 빠지게 된다. 이기적인 자아를 버리고 고차원의 맑고 순수한 자아를 완성할 때 천국을 얻게 된다.

이기적인 자아는 진실을 보는 눈이 없다. 올바른 판단력도 진정한 지식도 없이, 항상 사람을 고뇌로 이끈다.

올바른 판단력과 진정한 지식은, 이기적인 사고를 버렸을 때 비로소 손에 넣을 수 있다. 그 맑고 순수한 의식을 통해서 우리는 진정한 행복을 느낄 수 있다.

이기적인 마음으로 개인의 행복만을 추구하면 행복은 당신에게서 멀어진다.

스스로 나쁜 씨앗을 계속해서 자신의 마음속에 뿌리고 있기 때문이다.

개인을 위한 이익과 욕심을 버리고 다른 사람에게 봉사하면, 그 노력에 걸맞는 행복이 주어질 것이다.

당신의 노력은 결국 행복이라는 수확물이 되어 반드시 당신 곁으로 돌아올 것이다.

마음을 사랑으로 채우면 평온해진다

완벽한 건강을 손에 넣고 싶다면, 그에 어울리는 마음가짐이 필요하다. 마음을 사랑으로 채우고, 밝고 평온한 생각을 해야 한다.

인간의 혈관 속에 선의가 흐를 때, 당신은 어떤 병도 이겨낼 수 있다.

증오, 질투, 의심, 적대감, 불안을 완전히 버릴 수 있도록 노력하라. 그러한 노력을 하지 않았다면 당신이 병에 걸려 꼼짝할 수 없게 되었다 해도, 결코 불평해서는 안 된다.

구스타프 클림트, 〈키스〉

항상 밝고 평온한 사람은, 늘 초조해하는 사람들이 금방 잃어버리기 쉬운 건강이라는 축복을 언제까지나 유지할 수 있다.

몸이 건강해지면 불안감에서 해방된다. 집중력도 높아져 일도 잘 된다. 결국, 건강을 유지하는 사람이 눈부신 성공도 손에 넣을 수 있다.

행복은 당신 안에 있다

다른 사람들과 마찬가지로 행복의 세계를 지나치게 동경해서 무덤의 저 편에 있는 천국으로 가기를 원한다면 지금 당장이라도 천국으로 들어갈 수 있는 간단한 방법이 여기에 있다.

천국은 바로 이 우주이며 당신의 내면에도 존재한다. 천국은 당신이 자신을 발견하고 체험하기를 애타게 기다리고 있다.

남들이 행복을 찾아 여행을 떠나도 절대 그들을 따라가서는 안 된다. 행복은 바로 당신 안에 있기 때문이다. 자신의 내면에서 행복을 찾아야 한다. 마음만 먹으면 지금 당장이라도 행복을 찾을 수 있다.

많은 사람이 필사적으로 행복을 추구하고 있다. 하지만 행복을 얻기 위해 필사적으로 노력할 필요는 없다. 이기적인 마음을 버리고, 친절하고 순수한 마음으로 살아가면 누구나 행복을 얻을 수 있기 때문이다. 많은 사람에게 선의를 베풀어라. 이기심과 탐욕, 분노를 버려라.

그렇게 하면 우리의 인생은 부드럽게 불어오는 산들바람처럼 포근해질 것이다. 이기심과 탐욕, 분노를 버리지 못하면 불안과 불행은 영원히 당신 곁을 떠나지 않을지도 모른다.

하지만 '정의의 법칙'을 신뢰하고, 그에 따라 살고자 하는 결의를 굳건히 한다면 반드시 행복한 삶을 살게 될 것이다.

당신이 행복하면 주위 사람들도 행복하다

맑고 상냥한 생각으로 마음을 채우고, 언제, 어느 곳에 있더라도 늘 행복을 느낄 수 있다면 더할 나위 없이 멋진 삶을 살 수 있다.

그것은 이 세상에 살고 있는 사람이라면 누구나 바

라는 소망이다. 아름답고 행복한 세상을 꿈꾸는 사람은 아름답고 행복한 마음을 가진 사람이다.

스스로 행복을 느끼지 못하면 괴로움으로 가득한 이 세상을 아름다운 곳으로 변화시킬 수 없다. 그러므로 우리는 아름답고 행복한 마음의 눈으로 세상을 바라보아야 한다.

불순한 마음으로 비도덕적인 행동을 하는 사람은 하루하루를 불행과 함께 살며 더 많은 고민과 괴로움을 세상에 퍼트리고 있는지도 모른다.

언제나 선의를 베풀고, 늘 행복을 느끼는 사람은 번뇌로 가득한 이 세상에 행복의 씨앗을 뿌린다. 그 일은 종교와는 아무런 상관이 없다.

상냥하고, 맑은 마음을 가진 행복한 사람은 살아 있는 것만으로도 주위 사람들에게 좋은 영향을 끼친다.

언제나 우리의 마음을 부드럽게 해주고, 이 세상을 더욱 행복하게 만들어 주는 상쾌하고 시원한 향기는 행복한 사람에게서 은은하게 퍼져 나온다.

행복해지는 방법을 모르는 사람은
아무것도 배우지 않는 것과 같다

행복해지는 방법을 모르는 사람은 아무리 많은 지식이 있어도, 아무리 성서와 친해진다고 해도 아무것도 배우지 않는 것과 같다.

진정한 행복을 얻는 과정에서 인생의 진리를 배울 수 있기 때문이다.

타인이 어떤 악의를 보일 때도 행복을 한시도 잊지 않고, 평온한 마음으로 친절하게 행동하는 사람은 그러한 행동을 통해, 인생의 진리를 잘 알고 있다는 사실이 겉으로 드러나는 것이다.

당신이 진정으로 인간다운 위엄을 가지고, 친절하게, 행복하게 살고 싶다면 그 결심을 하는 순간부터, 행복하게 살아갈 수 있다.

자신의 마음을 올바르게 다스리고 이기적인 생각을 거부하고 밀어 내치는 일만이 진짜 행복을 손에 넣는 유일한 길이다.

"환경이 방해하고 있다."

그런 말은 두 번 다시 하지 말자. 환경은 인간이 앞

으로 나아가는 것을 결코 방해하지 않는다.

우리 주위에 환경이 존재하는 이유는 바로 우리를 돕기 위해서다. 당신 주변에서 일어나는 일 전부 당신이 성장하는 데 공헌한다. 자신이 처한 환경을 탓하고 있다면 당신 자신을 탓하라.

바로 당신이 당신의 주인이다.

어떤 상황에 놓이더라도 항상 자기 인생의 주인으로 그 상황을 지배해야 한다.

욕망을 채우는 데만 급급하면
결국 행복에서 멀어진다

물질적인 성공을 지향하는 사람은 일시적인 자기만족과 진정한 행복을 혼동하는 것이다. 이기적인 생각은 부에 대한 집착을 낳고, 인생에서 중요한 것을 빼앗아 간다.

그래서 세상에는 행복을 느끼지 못하는 부유한 사람들이 많다.

많은 사람을 관찰해보면 대부분의 사람들이 욕망을 채우는 것이 곧 행복해지는 일이라고 믿고 있다.

욕망을 채우기 위해서 그 일을 한다면, 결국 행복에서 멀어지게 된다.

욕망은 인간이 가진 가치 있는 능력을 꼼짝 못 하게 만들뿐더러, 행복이 가진 순수함과 상냥함을 빼앗아 간다.

사랑이라는 씨앗을 주위에 뿌리면 많은 은혜를 수확할 수 있다

많은 사람이 평화, 은혜, 용서 등을 바라면서 신에게 계속 기도한다.

하지만 그들의 기도는 쉽사리 이루어지지 않는다. 왜 그럴까?

실제로는 자신이 바라는 것들을 실천하지 않기 때문이다. 씨앗을 뿌리고 있지 않기 때문이다.

예전에 신에게 용서를 구하며 열심히 기도하는 목사를 본 적이 있다. 그 행위 자체에는 물론 아무런 문제도 없다. 문제는 그다음이다. 설교의 마지막 부분에서 그 목사는 놀랍게도 교회를 적대시하는 사람들에게는 아무런 동정도 보이지 말라고 설교하는 것이다!

용서는 배려라는 씨앗을 뿌리는 행위를 통해 실현된다. 목사들 가운데서도 이것을 모르는 사람이 있었던 것이다.

많은 사람이 다툼의 씨앗을 날마다 뿌리면서도, 신에게 빌기만 하면 평화라는 은혜를 수확할 수 있다고 믿는다. 화를 내고, 싸움을 하는 사람들이 평화를 바라며 빌고 있다.

누구나 자신이 뿌린 것을 수확한다.

이기적인 생각이나 말, 행동에서 벗어나 친절, 배려, 사랑이라는 씨앗을 주위에 많이 뿌려야 한다. 그렇게 한다면 당신은 많은 은혜를 수확할 수 있다.

농부들이 보여주는 단순하면서도 귀중한 교훈으로부터 확실하게 배워야 한다. '씨앗 뿌리기의 교훈'을 통해 '무언가를 받으려면 먼저 베풀어야 한다'라는 진리를 알아야 한다.

인생의 목표를 확실히 세우면 가치 있는 일을 이룰 수 있다

마음과 목표가 연결되지 않는 한, 가치 있는 일은

이루어지지 않는다.

그러나 이 세상에는 목표도 없이 바다 위를 정처 없이 헤매는 표류자처럼 인생을 사는 사람들이 많다.

인생의 목표가 없는 사람들은, 불필요한 불안이나 무력감을 항상 느끼고 있다. 그것은 결국 나약함을 나타내며, 실패와 불행을 부른다.

진정한 성공을 손에 넣으려면 강해져야 한다. 사람은 이치에 맞는 인생의 목표를 명확하게 설정하고, 그것을 달성하기 위해 노력해야 한다. 마음 상태에 따라, 정신적인 목표를 설정하거나 물질적인 목표를 설정할 수도 있다.

그러나 어느 쪽이든지 간에 인생의 표류자가 되고 싶지 않다면 스스로 설정한 그 목표에 집중하고 새로운 마음가짐을 가져야 한다.

당신은 목표를 달성하는 것을 인생의 최우선 사항으로 삼아야 한다. 덧없는 꿈도 꾸지 말고 목표에 집중하여 그것을 달성하기 위해 노력해야 한다.

달성하기까지 여러 번 실패하더라도 그 과정을 통해 서서히 배울 수 있는 강인함은 결국에는 확실한 성공으로 우리를 이끈다.

클로드 모네, 〈암스테르담 낯선 운하의 풍차〉

이 과정도 나약함을 극복하는 필연적인 과정이다. 실패는 빛나는 미래를 향한 새로운 출발점임에 틀림없다.

자신의 능력에 한계를 느끼고 있다면 이 점을 알아야 한다. 당신의 능력의 한계는 당신의 사고방식이 설정한 경계선이다.

그러므로 사고방식 하나로, 그 경계선을 바꿀 수도 있고, 없애버릴 수도 있다. 한계 따위는 잊어버리고, 최종적으로 어떤 인생을 살고 싶은가를 명확하게 결정하라. 그리고 그 목표를 달성할 때까지 포기하지 말고 노력해 보자.

친절을 베풀면 언젠가는 되돌아 온다

성공과 실패, 인생의 모든 것이 당신의 손으로 만들어진다.

당신의 운명을 결정하는 것도 당신 자신이다. 당신의 마음을 배려와 상냥함, 순수함으로 채워 보자.

그러면 그것이 자연스레 주위에 전해져 결국 같은 파장을 가진 축복이 되어 당신에게 되돌아온다.

이기적인 생각과 욕망, 증오 등으로 마음을 채우면 결국 그와 똑같은 형태로 저주가 되어 당신을 찾아올지도 모른다.

당신의 마음에서 사욕을 내쫓고, 사랑으로 당신의 마음을 채워야 한다. 그렇게 하면 부를 누리지는 못해도 영원까지 계속될 큰 명예를 손에 넣을 수 있다.

마음속을 사욕으로 가득 채우면, 아무리 억만장자가 되었다고 한들, 결코 진정한 행복은 손에 넣을 수 없다. 그리고 언젠가 당신 주위에 친구가 한 명도 남아있지 않게 될지도 모른다.

화해

1989년 11월 9일. 동과 서를 가르는 베를린의 국경 초소에는 기쁨의 환호성과 함께 사람들이 아무나 서로 부둥켜안았다.

도대체 이날 무슨 일이 벌어진 것일까?

"동독의 모든 시민이 동독 국경을 통해 출국하는 것이 가능합니다. 지체 없이 즉각 발효될 것입니다."

국경 초소로 몰려든 수많은 시민이 처음으로 장벽

을 기어오르기 시작한다. 먼저 오른 이가 다른 이들을 끌어올린다. 그리고 환호하며 외친다.

"장벽은 없어져야 한다. 장벽은 사라져라."

그러나 많은 이들은 기쁨의 환성 속에서 이것이 정확히 무엇을 의미하는지 몰랐다.

장벽이 열린 것이다.

동과 서, 대립과 반목, 사회주의와 자본주의, 그 길고 긴 불화와 갈등을 딛고 화해의 물꼬가 트였다. 비로소 화해의 눈물이 독일 시민의 눈시울을 붉혔다.

 제임스 앨런의 인생 조언

일이 잘 풀리지 않는 원인은 바로 '이기주의' 때문이다. 실제 생활에서 이기적인 자신을 깨닫는 것은 그리 간단하지 않다. 자기 마음속에 있는 생각은 깊숙한 곳에 정착해 있기 때문에 무엇이 잘못된 것인가를 찾기란 쉽지 않다. 그럼 어떻게 하면 이기적인 자신을 깨달아 변화시키면 좋을까?

스스로 보다 좋은 방향으로 변화시키는 데는 자기분석의 과정이 필요하다. 자신의 말이나 행동에 잘못이 있었는지 없었는지를 깊이 생각하는 것이다. 그리고 마음속에 있는 생각을 명확히 해나가는 것이다. 자신의 이기적인 부분을 없애는 것은 쉬운 일이 아니다.

빛을 흡수하면 어둠이 해소된다. 이기주의는 사랑을 앎으로써 없앨 수 있다. 이기적인 마음은 안심이나 안정감이 결여되어 있기 때문에 기분을 온화하게 유지하기 어렵다.

무엇보다도 먼저 당신의 이기적인 부분을 스스로 버리고자 하는 결의를 마음속으로 결심해야 한다. 자기 위주의 생각과 자기 멋대로의 행동이 인생의 재앙으로 다가온다는 것을 인식하고, 선량한 장점만이 자신에게 가치가 된다는 것을 깊게 인식해야 한다.

지금부터 당신은 인생의 유능한 책임자로서 자신을 고양시켜 나가야 한다.

그러기 위해서는 신념이 필요하다. 그리고 올바른 생각과 완벽한 선량함으로 살아가는 자신을 마음속에 생각하며 최대의 노력과 열의로 자신을 단련시켜 나가지 않으면 안 된다. 아름다운 사랑의 법칙으로 살아가는 사람에게는 돈이나 재산, 눈에 보이는 물건에 가치를 두는 생각은 떠오르지 않는다. 사람들에게 도움이 되는 것이나 사람들에게 힘이 되어 주는 것, 자신의 사명이나 임무를 다하는 것에, 대가를 받는 것보다도 그 사람의 인생에는 훨씬 더 중요하다.

아름다운 사랑의 법칙으로 살아가는 인생은 모든 것을 올바른 방법으로 실행한다. 이기주의에 빠졌을 때 고통과 다툼이 만연한다면, 사랑은 기쁨과 평화의 꽃이 무수한 꽃봉오리를 터트린다. 이렇듯 사랑의 법칙으로 살아가는 사람의 마음에는 불안이나 걱정, 두려움, 실의 등 마음을 어지럽히는 문제나 고통은 절대 없다. 격렬한 경쟁사회 속에서도 온화하고 평화로운 마음이 유지된다. 마음이 평화롭고 행복한 사람은 비록 힘겨운 상황에 빠졌다고 하더라도 좌절하지 않고 극복한다.

인생의 격렬한 전투가 계속되는 중에 차례차례로 주위 사람들이 쓰러져도 당신은 사랑이 넘치는 법칙을 마음 깊이 새겨두었다면 쓰러지지 않을 것이다. 치명적인 탄환도 독화살도 정의의 갑옷을 뚫지는 못한다.

불안이나 두려움, 욕망과 고통이 가득 찬 이기적인 인생으로부터 자유롭게 되면 현실 세계는 끝없이 넓어진다. 기쁜 일을 진심으로 즐기면 마음은 점점 더 빛이 난다. 온화하고 충실한 인생이 당신 앞에 행복의 길을 창조한다.

편저자 지선

오랫동안 번역을 하며 강사로도 활동했다. 현재는 출판기획자로 좋은 책을 만들려고 부단히 노력하고 있다. 옮긴 책으로는 《의지력이 부족한 당신이 꼭 알아야 할 인생법칙》《백년 식사》등 다수가 있다.

바라는 대로 이루어지는 삶의 법칙

초판 1쇄 발행 2024년 8월 28일
초판 3쇄 발행 2024년 12월 10일

지은이 제임스 앨런
편저자 지선
발행처 이너북
발행인 이선이

편　집 심미정
디자인 이유진
마케팅 김　집

등　록 2004년 4월 26일 제2004-000100호
주　소 서울특별시 마포구 백범로 13 신촌르메이에르타운Ⅱ 305-2호(노고산동)
전　화 02-323-9477 | **팩스** 02-323-2074
E-mail innerbook@naver.com
블로그 blog.naver.com/innerbook
포스트 post.naver.com/innerbook
인스타그램 @innerbook_

ⓒ 제임스 앨런, 2024

ISBN 979-11-88414-81-9 (04320)
ISBN 979-11-88414-80-2 (세트)

이너북은 독자 여러분의 소중한 원고 투고를 기다리고 있습니다.
원고가 있으신 분은 innerbook@naver.com으로 보내주세요.